꽃보다 아름다운
사람이야기

꽃보다 아름다운
사람이야기

© 생명의말씀사 2009

2009년 11월 3일 1판 1쇄 발행
2024년 8월 13일   12쇄 발행

펴낸이 | 김창영
펴낸곳 | 생명의말씀사

등록 | 1962. 1. 10. No.300-1962-1
주소 | 서울시 종로구 경희궁1길 6 (03176)
전화 | 02)738-6555(본사) · 02)3159-7979(영업)
팩스 | 02)739-3824(본사) · 080-022-8585(영업)

지은이 | 이상억

기획편집 | 유선영, 김귀옥, 임선희
디자인 | 김혜진, 디자인채이
인쇄 | 주손디앤피
제본 | 주손디앤피

ISBN 978-89-04-15874-4 (03230)

저작권자의 허락 없이 이 책의 일부 또는 전체를
무단 복제, 전재, 발췌하면 저작권법에 의해 처벌을 받습니다.

꽃보다 아름다운
사람이야기

이상억 지음

추천사

꽃보다 아름다운 사람이야기

김창근 —— 무학교회 담임목사

    이상억 교수님을 만나면 따뜻한 마음과 순수한 영혼을 느끼게 됩니다. 그 얼굴에는 현대인에게서 찾아보기 어려운 어린아이와 같은 순전함과 맑음이 있음을 발견하게 됩니다. 이는 주님을 향한 티 없는 사랑과 상처받은 영혼들을 진심으로 사랑하며 아픔을 나누며 치유하는 상담자적 인격과 삶에서 나오는 것이라고 생각합니다.

  이번에 출간되는 꽃보다 아름다운, 사람이야기는 신앙적 피상에 익숙한 그리스도인들에게 진정한 영성과 아름다움이 무엇인지를 경험하게 합니다. 저자는 하나님의 아름다움과 그의 피조물인 인간의 아름다움을 추구하고 있습니다.

  인간의 불완전하고 고뇌하는 영혼이 바라보는 세상도 아름다울 수 있다는 가르침은 참으로 신선한 감동과 깊은 깨우침을 줍니다. 존 파이퍼 목사님은 하나님 우편에 영원한 즐거움이 있음을 믿으며 참된 즐거움을 추구하는 자신의 신학을 '기독교 쾌락주의'라고 불렀습니다. 그렇다면 고통과 슬픔이 가득한 세상 속에서도 하나님의 아름다움과 그의 형상인 인간의 아름다움을 추구해가는 이상억 교수님의 신학을 '기독교 심미주의'라고 표현하고 싶습니다.

책을 통해서 교수님은 이 시대의 진정한 상담가이며 목회자의 모델이며 가장 주님을 닮은 하나님의 사람임을 확신하게 되었습니다. 또한 그의 실생활의 간증과 고백을 바탕으로 진정한 신앙과 삶을 배울 수 있습니다. 상처와 아픔이 가득한 세상에서 하나님을 발견하며 감동하며 치유받게 하는 아름다움의 신비를 배웁니다. 주님 안에서 아름다운 세상을 발견하며 사랑과 꿈을 회복하기를 갈망하는 모든 분들에게 꼭 권하고 싶은 책입니다.

장경철 〰️ 서울여대 교수

세상에 대해서, 또 사람에 대해서 알아가면서 깨닫게 된 사실이 있는데, 그것은 많은 사람들이 아픔을 안고 살아가고 있다는 것입니다. 시련은 우리의 삶에서 선택과목이 아니라 필수과목이기에, 삶의 고뇌로부터 면제되어 있는 인생은 하나도 없습니다. 겉으로 보기에는 멀쩡해 보이지만, 우리는 모두가 알고 보면 불쌍한 사람들(?)입니다.

이렇게 삶의 무게로 인하여 고통당하는 사람들에게 꼭 필요한 책을 만났습니다. 혹시 가슴 아픈 경험으로 인하여 상실의 아픔이 크거나 무의미와 공허로 인하여 더 살아가고자 하는 힘을 잃어버린 분이 있다면 이상억 교수님의 책을 꼭 손에 쥐어드리고 싶습니다. 저는 이상억 교수님의 책을 읽으면서 나의 모자람과 상처에도 불구하고 내가 얼마나 아름다운 존재인가를 다시 확인할 수 있었으며, 또한 다른 사람들의 아름다움도 볼 수 있었습니다.

이상억 교수님의 글에는 글 읽는 이들을 향한 촉촉한 애정과 눈물이 담겨 있습니다. '혹시 잉크가 다 마른 후에 나와서 그럴까? 왜 대부분의 책들은 그렇게 건조할까?'라는 의문을 품었던 경험이 있다면, 이상억 교수님의 책을 권하고 싶습니다. 저는 이 책 안에 담겨 있는 따스함과 촉촉함을 느끼면서 책의 문장들을 빨아들일 수 있었습니다.

이상억 교수님의 책에는 동화시키는 아름다움의 힘, 곧 자신과 세상을 아름답게 보도록 만들어 주는 힘이 담겨 있습니다. 장로회신학대학교의 이상억 교수님이 쓰신 책, 꽃보다 아름다운, 사람이야기를 추천할 수 있어서 무척 행복합니다.

이철환 ~~~~ 「연탄길」 저자

    글 속엔 사람이 있다. 글은 재능이 아니라 정신으로 쓰는 것이기 때문이다. 사람을 기능화 시켜버린 막막하고 소통 불가능한 세상에서, 그의 글은 거침없이 맑게 흐른다. 사나운 세상을 살아가는 우리들에게 그의 글은 진실을 일깨워주고 위로와 평화를 준다. 그의 글 속엔 여러 편의 시들이 나오지만 그의 글을 지휘하시는 이는 오직 하나님이시다. 수직과 수평을 넘나드는 언어의 곡예보다 그의 글이 더 아름다운 이유다. 그의 글을 찬찬히 따라가다 보면 우리가 삶을 어떻게 바라보아야 하는지를 알 수 있고, 하나님이 우리를 얼마나 사랑하시는지를 알 수 있다. 사람을 어떻게 배려해야 하는지에 대한 성찰을 얻을 수 있고, 아슬아슬한 인생을 견딜 수 있는 명쾌한 잠언도 얻을 수 있다.

    성경말씀이나 시인의 시를 통해 높은 정신을 길어 올린 그의 솜씨는, 어린 시절 엄마 손을 잡고 보았던 서커스처럼 아찔하고 재미있다. 크리스천들은 하나님을 통해 아픔을 위로 받는 사람들이지만, 어찌 보면 크리스천이 아닌 사람들보다 더 많은 아픔을 가지고 살아가는 사람들일지도 모른다. '회개'라는 통로가 있지만, 인간이 삶의 순간순간마다 스스로를 정죄하며 살아간다는 것은 때로는 난감하고 고통스러운 일이기 때문이다.

    "너희는 이 세대를 본받지 말고 오직 마음을 새롭게 함으로 변화를 받아 하나님의 선하시고 기뻐하시고 온전하신 뜻이 무엇인지 분별하도록 하라" 는 하나님 말씀은 눈물 날 만큼 아름다운 말씀이지만, 때로는 말씀대로 살 수 없어 가슴 아픈 말씀이 되기도 한다. 하지만 그의 글을 읽노라면, 하나님의 사랑은 복잡하지 않고 처음과 끝이 하나라는 진실을 깨우치게 된다. 그리하여 다시금 신앙을 회복하고 살아갈 용기를 얻게 된다. 하여, 부와 명예와 재능만으로 사람의 가치를 판단하는 이 비정한 세상에서 그의 글을 마주하는 일은 삶을 증명하고 삶을 긍정하는 일이 아니겠는가.

김형준 ━━▶ 동안교회 담임목사

 이 책을 대하면 먼저 저자를 만나고 싶습니다. 그리고 어떤 분인지 더 가까이 다가가서 보는 것 뿐 아니라, 느껴보고 싶은 마음이 들게 됩니다.
 글을 통해서 아름다움을 이해할 수 있게 되고, 저자를 통해서 세상과 사람이 얼마나 아름다운가를 고백하게 됩니다. 상담은 아픔과 고통 그리고 상실과 다툼 등, 우리가 살아가는 삶속에 필연적으로 일어나는 그림자를 다루는 분야입니다. 그래서 상담자로서 저자는 세상이 온통 슬픔과 고통뿐이라는 사람들과 만나는 삶을 살게 됩니다. 그런데 저자의 글을 읽게 되면 모두 벗어나고 싶어 하는 삶의 그림자는 새로운 세계를 열어가는 입구이자 통로라는 생각을 갖게 됩니다.

우리의 상처와 아픔은 아름다운 인생이라는 최고의 걸작품을 만드는데 없어서는 안 되는 작은 조각들이라는 생각도 갖게 해줍니다. 게다가 아픔과 고통을 주는 상처의 조각들이 삶을 아름다움으로 비춰주는 프리즘이라고 설득하고 있습니다.

저자는 사람과 세상이 아름답다는 자신의 생각을 독자들에게 강요하지 않습니다. 대신 다양한 독자가 느끼고 생각할 수 있도록 자신이 갖고 있는 섬세한 손길로 잠자는 독자의 감각을 일깨워주고 있습니다. 마치 독자를, 달콤한 왕자의 키스에 마법이 풀려 깨어나는 백설공주처럼 살아나게 만듭니다.

무엇보다도 저자의 독특한 마술과 같은 이야기는 아름다움이라는 주제에 초점을 맞추어 전개하되 왜곡된 우리의 관점이 균형을 잡게 해줍니다. 안과 밖, 감성과 이성, 현실과 이상, 아래와 위, 정지와 움직임, 나누어짐과 하나됨, 웃음과 울음, 학문과 실천, 자신과 타인, 내면과 외부, 본질과 주변, 긍정과 부정, 과거와 미래, 하나님과 인간, 인간과 세상 등, 이 책에는 다양한 반대와 대립개념의 이야기들이 나옵니다.

놀라운 것은 이 개념이 한쪽 면이 가진 논리와 장점을 변형시키거나 손상하지 않고 양자의 특징과 독특성을 잘 설명하면서도 서로 조화를 이루어 삶을 보는 아름다운 눈을 갖게 만든다는 것입니다.

  저자는 자신의 경험을 객관화시키면서 생활 속의 이야기로부터, 깊은 학문의 개념까지 잘 연결시켜주고, 우리의 나타난 모습과 숨겨진 내면의 어두운 세계를 잘 보여주면서도 아름다움을 잃지 않습니다. 아울러 섬세하고 생명력 있는 시와 삶의 언어를 가지고 결코 노출되지 않을 것 같은 잊혀진 우리의 죽은 언어를 다시 살려내는 저자의 전개방법은 가히 마술적입니다.

  또한 아무도 관심 갖지 않는 이름 없는 들풀과 같은, 삶의 아픔, 숨기고 싶은 수치심, 두려워하는 분노, 피하고 싶은 과거 등, 평범하게 흘려보내는 것에서부터, 깊은 역사 속에 숨어있거나 이미 잊혀진 사실들을 재해석함으로, 사람이 얼마나 아름다운지를 알게 하고 느끼게 해줍니다.

  이 글은 성경이 생활 속에 있는 우리들의 삶과 얼마나 잇대어 있는지를 보여주고, 역으로 우리의 삶이 얼마나 성경의 진리와 연결되어 있는가를 알게 해줍니다. 자신의 삶이 아름다울 수 없다고 말하는 분들이 이 책을 통해서 무엇이 아름다운지를 알게 되고, 그러한 자신이 얼마나 아름다운 삶을 만들어 갈 수 있는지, 그 길을 찾게 될 것입니다. 그리고 자신이 이미 아름답다고 생각하며 사는 사람들에게는 진정한 아름다움의 깊이를 느끼는 풍요로움을 더해줄 것입니다.

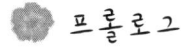 프롤로그   꽃보다 아름다운 사람이야기

아름다움과 집짓기(Homemaking)

장로회신학대학교에서 목회상담을 가르치며 "가르침"과 "삶"이 분리되지 않기를 소원하며 살아갑니다. 학문으로서 "목회상담학"이 지닌 이성적인 특성과 "목회상담하기"의 감성적인 특성이 서로 잇대어 조화를 이루어야 한다고 믿기 때문입니다. 이런 절실한 마음을 담아 "집짓기(Homemaking)"란 단어를 생각해 보았습니다. 어찌 보면 이 한 마디에 제가 하는 목회상담의 학문적, 실천적 의미가 모두 담겨 있다고 여겨집니다. "집"이라는 건축 구조물은 철저히 이성적 설계에 의해 진행됩니다. 만약 오차가 있다면 큰일이니 말입니다. 동시에 "집"은 따뜻한 정서적 공간입니다. "가정으로서 집"이 없다면 살아있다는 가슴 따뜻한 의미를 유지하기 어렵기 때문입니다.

더불어 "집"은 우리의 현실이기도 합니다. 하루의 삶이 시작되고 형성되고 마무리되는 집은 인간 존재의 희로애락의 근원지이기 때문입니다. 결국 "집(Home)"은 이성과 감성의 조화가 어우러지는 실존을 일컫습니다. 목회상담을 한다는 말이나 집 만들기나 매 한가지다 싶은 것은 둘 다 이성과 감성이 어우러지는 만남의 실존적 공간을 만들어 가기 때문입니다. 그래서 목회상담을 한다는 것을 집짓기(Homemaking)로, 목회상담을 하는 저를 "집짓는 사람(Homemaker)"이라고 소개하고 싶습니다.

집짓기(Homemaking)의 의미

이 세상 어디를 가든 그곳이 "집(Home)"처럼 여겨진다면 얼마나 행복할까요? 집에선 모든 것이 소중합니다. 사람을 인종과 국경으로 나누지 않는 세상입니다. 계급으로 차별하지 않고 편견으로 서로를 바라보지 않는 세상입니다. 우리 모두 각자의 위치에서 참으로 소중해 그와 내가 없으면 안 되는 세상, 집은 바로 그런 세상입니다.

집에 있어야 할 세 가지 원리가 있습니다. 첫째는 안전(Safety)입니다. 집에 가면 안전하다고 느껴야 합니다. 집에 있는데도 생명의 위협을 느낍니다. 폭력과 욕설이 난무합니다. 물건이 날아다니고, 한숨 소리만 들려온다면 사실 집에 있고 싶지 않을 것입니다. 하지만 아무리 삶이 녹록치 않아도, 안전하다 여겨지는 집이 있다면 우리 지친 몸을 누이고 잠을 청할 수 있습니다. 안전하기 때문입니다.

두 번째 집에 있어야 할 원리는 안정(Stability)입니다. 안정을 탄력

(Resilience)이라고 표현하기도 합니다. 탄력은 원상복구 능력을 말합니다. 공이 튀어오를 수 있는 것은 공이 가진 탄력 때문입니다. 땅에 부딪쳤을 때 공의 형태가 찌그러집니다만 곧 원상태로 복구됩니다. 그때 공이 튀어 오르는 것입니다. 또한 탄력을 건강으로 말할 수 있습니다. 사람은 아플 수 있습니다. 감기에 걸리고, 배앓이를 하기도 하고, 예기치 못한 질병에 시달릴 수 있습니다. 하지만 한 며칠 앓고 나면 괜찮아야 합니다. 그것이 건강입니다. 그런데 늘 병을 달고 삽니다. 감기에 걸려도 몇 주씩 고생을 합니다. 이것은 건강하지 않다는 말이며 탄력을 잃었다는 것입니다. 인생도 마찬가지입니다. 실패하거나 실수할 수 있습니다. 그래도 우리 아버지이며 어머니라고, 우리 아들이고 딸이라며 품어준다면 탄력이 있는 것입니다. 집에는 탄력이 있어야 합니다. 아무리 스스로의 가치가 훼손되는 만신창이를 경험한다 할지라도 그래도 가치 있는 내 귀한 가족이라고 받아줄 수 있는 탄력 있는 공간이어야 합니다.

집에 있어야 할 세 번째 원리는 의미(Significance)입니다. 세상이 나를 기만하고 속인다 할지라도, 그래서 나를 향해 "너는 안 돼! 너는 어쩔 수 없는 녀석이야!"라고 폄하한다 할지라도, 집에 가기만 하면 한 아내의 남편으로, 한 남편의 아내로, 아이들의 아버지로 어머니로 존경받고 사랑받는다면 세상 살 만하다고 느낄 것입니다. 그래도 한 번 더 살아내자고 아픈 마음을 추스를 것입니다. 그런 공간이 우리에게 있다는 사실에, 각박한 세상이지만 오히려 살아내자고 마음을 다잡으려 할 것입니다.

어둠이 내리면 수많은 사람들이 집에 들어가질 못하고 밤거리를 방황합니다. 아니 집에 들어가기 싫어합니다. 때론 집이 있다는 사실조차 기억하지 못합니다. 집이 반드시 가져야 할 안전과 안정, 의미의 모습을 상실했기 때문입니다. 그 상실감이 너무 커서 세상 살아가는 이유를 모르겠다고 생각합니다. 왜 사는지, 어떻게 살아야 하는지, 이렇게 사는 것이 맞는지, 당황스런 마음을 애써 외면한 채 그저 흘러가듯 삶을 살아간다고 말합니다.

목회상담을 하며 제가 가진 절절한 소원은 나를 포함한 모두가 정말 집에 산다고 느끼면 참 좋겠다는 것입니다. 그래서 삶을 살아가며 적어도 안전하게 느끼는 장소, 안정이란 탄력을 경험할 수 있는 공간, 생의 의미를 찾을 수 있는 그런 울타리를 갖고 살면 참 좋겠다 싶습니다. 그래서 "집짓기(Homemaking)"는 참 중요합니다. 나와 당신이 비로소 숨쉴 수 있기 때문입니다. "내가 살아있구나!" 이렇게 느낄 수 있기 때문입니다. 이것이 목회상담을 하는 저의 이유이며 목회상담이 제게 그토록 절실한 이유입니다.

세상 어디를 가든 우리 모두가 집에 있는 듯 살아가면 참 좋겠습니다. 하나님께서 만드신 세상입니다. 내가 있는 곳만 하나님께서 만드신 세상이고, 내가 처음 가는 곳은 하나님이 계시지 않는 세상이라고 생각하지 않아야 마땅합니다. 그런데 어디 현실이 그런가요? 때론 영 낯선 느낌을 지울 수 없습니다. 내가 살고 있는 내 집 안방도 낯설게 여겨질 때가 있습니다. 아마 좋은 경험을 많이 못해서가 아닐까 싶습니다. 우리가 가진 이기심과, 자신만이 옳다고 여기는 편협한 이데올로기, 삐뚤어진 자기애착 때문에 차별과 분리, 편견을 겪게 됩니다. 내 집 안방에서도 말입니다. 하지만 그런 경험으로 상처를 가진 사람일수록 더욱 세상을 내 집처럼 만들어야 할 사명이 있다고 생각합니다. '내가 힘들었으니, 너도 고생 좀 해봐'라는 그릇된 보상심리에서 벗어나 오히려 "집 만들기"를 일구어 가야 합니다.

집짓기의 기초공사 : 아름다움

외국에서 살아본 경험이 있는 사람이라면 누구나 느끼게 되는 묘한 감정 하나가 있습니다. '느닷없이 비참해졌다'는 느낌입니다. 사실 우리나라 땅에선 우리가 당연히 주류 민족으로, 인종 개념 생각할 필요 없이 살아갑니다. 그런데 외국에서 살게 되면 오래지 않아 소수민족이 되었다는 주변성(Marginality)을 느끼게 됩니다. 그래서 스스로 깊은 열등감을 갖게 됩니다. 하지 말아야지 하면서도 그런 생각을 하게 되는 마음의 콤플렉스입니다. 이런 콤플렉스를 더욱 가중시키는 것은 듣기는 들었는데 무슨 말인지 모르겠고, 말이라고 하긴 했는데 이해하는 사람 하나 없다는 사실을 경험할 때입니다.

미국으로 이사한 지 얼마 안 돼 큰아이가 아파 병원에 갔는데 의사가 하는 얘기를 알아들을 수가 없었습니다. 사전에서 찾아보려고 종이에 적어 달라고 했을 때, 측은한 눈으로 바라보던 의사의 눈길에서 비참함을 느꼈습니다. "그렇게 살아서 네 아이 어떻게 기를래?"라고 이야기하는 듯 여겨졌습니다.

초등학교에 들어간 큰애가 산책길에 요상하게 생긴 곤충을 보고 이게 뭐냐고 하기에 사전을 찾아 알려주었더니 친구들에게 말한 모양입니다. 미국 지식인에게조차 생소한 학명에 아이 친구들이 틀렸다며 창피를 준 모양입니다. 집으로 돌아온 아이가 "아빠는 말도 잘 못해! 그것도 몰라요?"하며 따졌을 때, 무능한 사람이란 자책에 마음이 좋지 않았습니다.

미국에선 각종 서류에 미국 시민이냐 아니냐를 묻는 질문이 있습니다. "그렇다"는 난엔 시민이란 뜻의 "Citizen"을, "그렇지 않다"는 난엔 이국인이란 뜻으로 "Alien"이란 단어를 표기하게 합니다. 그런데 이 "Alien"이란 단어를 볼 때면 왜 영화제목 "에일리언"이 생각나는지…. 노란색의 아시안, 이것 역시 어쩌면 열등감에서 오는 혼자만의 생각일지도 모르겠습니다만 어쨌건 기분이 유쾌한 것은 아니었습니다.

그럼에도 불구하고 이런 경험들은 제게 유익했습니다. 상대적 소수이며 약자인 이주여성들과 외국인 노동자, 그리고 장애인들이 제 눈에 들어왔기 때문입니다. 그리고 제가 그토록 말하고 싶었던 "인간의 아름다운 존엄성"에 대해 생각하고, 그도 나처럼, 나도 그처럼 귀하고 아름답게 만나며 살아가야 한다고 생각하게 되었기 때문입니다.

저는 세상을 집이라 여길 수 있기를 소원하는 사람입니다. 그래서 집 짓는 사람이 되길 소원합니다. 그런데 집(House)을 지으려면 가장 중요한 것이 기초 공사이듯, 제가 말하는 집(Home)을 만들 때도 필요한 기초공사가 있습니다. 그것은 세상을 아름답게 여기는 것입니다. 그래야 우리가 믿을 만한 튼튼한 집을 세울 수 있기 때문입니다. 그래서 생각했습니다. '아름다움이 뭘까? 어떻게 바라보는 것이 아름답게 바라보는 것일까? 세상을 아름답게 바라본다는 의미는 무엇일까?' 결국 생각을 정리해 볼 요량으로 "아름답다"에 대한 이야기들을 살펴보았습니다. 여기저기 찾아보니 아름답다는 말을 의미 있게 풀이한 글들이 많더군요. 그 가운데 의미 있게 여긴 두 가지를 간추려 보았습니다.

1. 15세기 우리 고어에 "나(私, 我, 吾)"를 지칭하는 말로 "아름"이라는 낱말이 있었습니다. 그래서 아름답다는 말은 "나 답다" "나 스럽다"는 말입니다.
2. "아름답다"란 말에서 "아름"은 곧 "앎"을 의미합니다. 따라서 아름답다는 "아는 이답다"라는 뜻이 됩니다. 그래서 아름다운 사람은 앎이 많아 지혜로운 사람이란 뜻입니다.

이 두 의미를 조합해 보면, 아름다움이란 "나에 대한 깊은 앎을 가진 것"을 지칭하는 것은 아닐까 싶습니다. 그렇게 생각하면, 아름다움은 단순히 세상을 예쁘고 황홀하게 볼 때 느끼는 것이 아닙니다. 아름다움을 찾기 위해 헤맬 필요도 없습니다. 사람이 아름다움이기 때문입니다. 우리 안에 아름다움이 있다는 말입니다. 그래서 아름다움을 찾으려면, 자신이 어디로부터 왔는지, 자신이 어떤 삶을 살아왔는지, 자신 안에 무엇이 있는지를 살펴보아 깊이 있게 느껴야 한다는 말입니다.

자기에 대해 알게 되면 허무와 좌절에 가슴 아플 거라 지레 짐작 하실지도 모르겠습니다. 스스로에 대해 알면 알수록 자신의 밑바닥에 고인 찌꺼기들을 경험할 수도 있기 때문입니다. 그러나 그것은 섣부른 판단입니다. 신비하게도 자기에 대해 알게 된 사람들은 자기를 귀하게 여기게 됩니다. 하나님의 형상으로 창조된 자신이 얼마나 아름다운 존재인지 알게 됩니다. 자기가 살아온 삶이 하나님의 은혜였다는 사실에 머리끝부터 발끝까지 이어오는 어떤 떨림, 감격이라는 떨림을 경험하게 됩니다. 더불어, 우리가 지닌 아름다움을 알게 되면 우리가 가진 엉뚱한 보상심리에서 벗어나게 됩니다. 나의 고난과 아픔을 떠올려 그를 더욱 고난 받게 하는 것이 아니라, 그가 아프면 위로하고 그를 나처럼 나를 그처럼 여기며 살게 됩니다. 아름다움의 모습입니다.

이 아름다움에 현실의 아픔을 담아 해석한 사람이 있습니다. 캐나다와 우리나라를 오가며 저술 활동을 하고 있는 소설가 박상륭 선생은 "아름다움"의 원래 표기가 "앓음-다움"이라고 주장합니다. "앓음"이란 "앓다"의 명사형으로 몸이 아픈 상태를 일컫지만, 조금 더 적극적으로 표현하자면, "아픔을 이겨내기 위해 몸부림치는 상태"입니다. 그래서 그는 "아름답다"는 말을 "시련과 아픔을 이겨내기 위해 몸부림치는 우리의 모습"이라고 표현하였습니다. 그의 생각에 고개를 끄덕였습니다.

그렇습니다. 아름답다는 말은 고상하고 그럴싸해 보이는 것만을 지칭하는 말이 아닙니다. 흘리는 눈물이 아름답게 여겨지기도 하고, 너무 아파 숨도 제대로 쉴 수 없는 그런 삶조차 아름다운 것입니다. 무슨 괴변이냐 하겠지만 우리의 비참한 현실에도 우리가 가진 아름다움은 퇴색되지 않을 것이라고 말하고 싶은 것입니다. 우리가 귀하기 때문입니다. 우리가 아름다움 그 자체이기에 그렇습니다. 고통도 슬픔도 우리가 가진 아름다움을 방해할 수 없기 때문입니다.

저는 이 책에서 집짓기(Homemaking)의 기초공사인 "아름다움"에 대해 이야기하려 합니다. 특별히 사람이 가진 아름다움에 대해 말하고자 합니다. 우리의 아름다움이 무엇인지, 그리고 그것이 어떻게 가능한지를 생각해 보려합니다. 소박하지만 절절한 사람이야기가 얼마나 아름다운 것인지를 이 책을 통해 누리시면 참 좋겠습니다. 천천히 그리고 찬찬히….

목차

추천사　4
프롤로그　11
아름다움과 집짓기(Homemaking) • 집짓기의 의미 • 집짓기의 기초공사 : 아름다움

아름다움 하나. 사람은 누구나 아름다운 존재입니다　23

사람이 아름답다고요? • 그에게 들려주는 고백, "당신은 아름답습니다." • 나에게 들려주는 아름다운 이야기, "사랑해, 미안해, 힘들지?" • 사람이 아름다운 이유 • 사람이 아름다운 성경적인 이유

아름다움 둘. 내가 가진 나만의 아름다움을 찾아야 합니다　63

사람에겐 저마다의 이야기가 있다 • 자기 사랑에 대한 에세이 • 숨겨진 보물을 찾아서 • 창조적 시선 : 아름답게 바라보기

꽃보다 아름다운 사람이야기

아름다움 셋. 하나님을 아름답게 바라보는 몇 가지 방법 109

하나님을 배려하기 • 일상을 감격하기 • 살아있게 하라!(Let Everything Be Alive!) • 자연스럽게 바라보기 • 순수하게 바라보기

아름다움 넷. 고통 속에서도 아름다움은 빛이 납니다 183

연약함은 아름다움입니다 • 상처는 별이 되고!(Scars Become Stars!) • 연약함에서 아름다움을 찾는 법

아름다움 다섯. 아름답게 살아가는 것은 소리 없는 외침입니다 219

책대로 안 되더라도… • 소리 없는 외침 • 무성(無聲)의 파동(波動): 감동(感動) • 아름답게 살아가는 사람이 가진 눈 • 아름답게 살아가는 것의 의미

에필로그 267

꽃 보 다   아 름 다 운   사 람 이 야 기

자주 흔들리고 쉽게 부러지는
연약하기 그지없는 사람이라는 꽃,
그러나 본질만은 아름답고 사랑할 수밖에 없는,
꽃보다 아름다운 사람이야기

아름다움 하나.

사람은 누구나 아름다운 존재입니다

아름다움 하 나_1

사람이 아름답다구요?

사람이 아름답지 않다고 말하는 사람들이 있습니다. 하지만 저는 사람만큼 아름다운 존재는 없다고 단정하며 글을 짓고 싶습니다. 사람이 완전하다고 여기고 있기 때문이 아닙니다. 선하고 순수하다 여기기 때문도 아닙니다. 사실 그렇습니다. 거듭 도와주었는데, 또 도와달라는 사람을 보면 참 염치도 없다 싶습니다. 야심한 밤이나 이른 새벽에 반복적으로 전화를 걸어 남 생각 아랑곳 않고 자신의 처지만 늘 어놓는 사람이 있습니다. 그 처지가 딱하다 싶다가도 그의 한없는 의존에 화가 나기도 합니다. 예수님은 일흔 번씩 일곱 번이라도 용서하라고 말씀하셨지만, 사실 그렇게 무한히 용서할 수 있는 사람이 이 땅에 있을까요. 아마 하나님 한 분을 제외하면 그렇게 용서할 수 있는 존재는 세상에 없는 것 같습니다.

　우리의 감정도 마찬가지 아닐까 싶습니다. 완벽하게 감정을 통제하고 마치 내겐 감정이 없는 듯 살 수 있는 사람이 이 땅에 있을까요? 아무리 살아있는 성인이라 해도, 아무리 고매한 인격을 가졌다 해도, 인간이기에 느끼는 감정을 완벽하게 차단하거나 흘려보낼 수 있는 사람은 없습니다. 적어도 우리의 두 다리가 이 땅에 있음을 인식하는 사람은 아마 고개를 끄덕이실 겁니다.

　그런데도 어떻게 사람이 아름다우냐고요? 그렇습니다. 사람을 아름답다고 말하기 어렵습니다. 그런데도 저는 사람이 아름답다고 말하고 싶습니다. 조금 더 구체적으로 말하면 '이를 악물고라도' 사람이 아름답다고 말해야 한다 싶습니다. 사랑을 예로 이야기를 풀어 보겠습니다. 사랑을 말한다는 것은 일순간 나를 감싸는 감정 때문에 "사랑한다" 말하는 것이 아닙니다. 물론 사랑을 말할 때 우리는 세상의 모든 아픔과 상관없는 어떤 행복한 공간으로 이동하게 된 듯 '취한 쾌감'을 맛볼 수 있습니다. 그 쾌감 때문에 온몸이 떨리기도 합니다. 그래서 온몸을 감싸는 행복함을 맛보기도 합니다. 하지만 사랑을 조금 더 깊은 눈으로 바라보면 그런 순간적 쾌감은 내 속에서 꿈틀대는 욕구와 잇대어 있다는 것을 알게 됩니다. 내 멋대로 사랑하는 내 방식의 사랑에 스스로 도취되어 있다는 것입니다.

　오히려 "사랑한다"는 고백은 결심과 결단의 표현이 아닐까 싶습니다.

그래서 사랑도 '이 악물고' 해야 하는 것 같습니다. '이 악물고' 사랑해야 한다는 것은 사랑이 그만큼 힘들다는 것을 말합니다. 한두 번은 그에 대해 긍정적으로 말하거나 생각할 수 있습니다. 그러나 그에 대한 지속적인 긍정을 갖기엔 우리가 너무 연약하다는 사실을 기억해야 합니다. 완벽하게 용서할 수 있는 존재가 하나님 한 분뿐이듯, 한결같이 사랑할 수 있는 존재 역시 하나님 한 분밖에 없습니다. 그렇기에, 사랑할 수 없는 우리이기에, 이 악물고 사랑해야 하는 것입니다.

가시고기로 유명한 작가 조창인은 **사랑으로 나를 채우고**란 그의 산문집에서 '사랑의 마지막 꿈'에 대해 노래하며 사랑을 이렇게 설명하였습니다.

> 사랑은 한 순간의 폭우가 아닙니다.
> 기나긴 세월의 가랑비에 젖겠다는 각오입니다.
> 열정은 감정의 폭우입니다.
> 한 몫에 다시 사랑할 듯싶지만, 이내 그치고 맙니다.
> 그러나 사랑은 열정이 사라진 뒤
> 오랜 세월 속에서 천천히 젖는 가랑비입니다.

작가 조창인에 의하면 사랑은 오랜 세월을 견디며 만들어가는 일종의 각오입니다. 이 시를 통해 그는 사랑이 순간적이지 않음을 말하고 있습니다. 더 나아가 사랑의 현실을 말해 줍니다. 사랑은 환상 가운데 이루어지는 것이 아님을 지적하며 말입니다.

사랑은 현실이며 삶입니다. 환상과 망상에서 깨어나 그와 내가 만난다는 현실 인식이 중요합니다. 현실로 만난다는 것은 피상적으로 만난다는 것과 다른 차원의 말입니다. 나의 삶을 그에게 드러내고, 그의 삶을 통해 내가 살아가는 세상을 바라보겠다는 의지입니다. 현실로 만난다는 것은 그의 단점을 보지 않겠다는 것이 아닙니다. 나의 약점을 감추고 회피하겠다는 뜻도 아닙니다. 나의 단점과 그의 약점 속에서, 우리의 한계로 만나겠다는 의지입니다.

그래서 사랑은 비록 우리 모두 단점 투성이지만, 사랑하겠다는 현실적 결단입니다. 서로가 서로에게 상처를 주는 날카로운 모가 나 있지만 그럼에도 만나겠다는 것입니다. 그럼에도 사랑하겠다는 것입니다.

아름다움 하 나 _ 2

그에게 들려주는 고백,
"당신은 아름답습니다"

작가 조창인의 사랑에 대한 삶과 현실에 대한 이야기는 그의 또 다른 시, '사랑은 빠지는 것이 아닙니다'에도 잘 나타나 있습니다.

"나는 사랑에 빠졌다."
이 말에는 세 가지 함정이 있습니다.
첫째, 나의 욕심에 비쳐 그를 보았다는 것입니다.
둘째, 순간적인, 일시적인 감정의 몰입입니다.
셋째, 그가 언제까지 지금 모습 그대로 있기를 바랍니다.

사랑에 빠진다는 것은

늪 속에 발을 담그는 것과 같습니다.

함몰될 뿐, 더는 진전되지 않습니다.

그에게, 또 나에게 조차도.

사랑은 서로의 희망이 되어야 합니다.

그러나 '빠진 사랑'의 상태에서는

야망이 있을 뿐입니다.

자기에 대한 보상만을 기대할 따름입니다.

'빠진 사랑'은 일시적입니다.

사랑에 빠졌다는 것은,

온전히 그의 매력에만 사로잡혔다는 뜻입니다.

그의 단점과 그늘을 보지 않으려는 자기 착각입니다.

그의 실체가 아닌,

자신이 만들어 놓은 환상에 매달리는 것입니다.

그의 매력이 사라지는 순간, 사랑도 사라지고 맙니다.

바른 사랑은 빠지지 않습니다.

진정한 사랑은

'빠진 사랑'에서 나올 때 비로소 시작됩니다.

이 악물고 사랑해야 한다는 저의 말이나, 빠진 사랑에서 나올 때 비로소 사랑이 시작된다는 작가의 표현은 크게 다르지 않습니다. 현실을 직면해야 한다는 인식 때문입니다. 하지만 말처럼 쉽지 않을 것입니다. 현실을 맞이한다는 것이 녹록치 않기 때문입니다. 그렇기에 애쓰고 또 애써야 합니다.

이렇게 노력하는 것을 집착이나 위선이라고 할 수는 없습니다. 욕구 때문도 아니며 무엇인가 이익을 얻으려 겉과 속을 달리 하는 것도 아니기 때문입니다. 진정한 마음으로 존재를 만나고자 힘쓰는 것입니다. 이것을 의무로 이야기 하거나 도덕적 당위로 풀고 싶지 않습니다. 영국의 시인 존 던(John Donne)처럼 살고 싶다는 것입니다.

왜 사랑하느냐고요?
사랑하니까, 사랑한다고 말하니까 사랑합니다.

존 던은 사랑을 아주 자연스러운 인간의 모습이라고 보았습니다. 의무나 위선이 아닌 인격적 절실함과 본질적 진실이 넘치는 그런 사랑을 우리에게 말하고 있는 것입니다. 우리 스스로가 많이 모자란 존재여서 그렇게 살아가기가 어렵다는 것을 알면서도 말입니다.

당신을 사랑하지만 이 사랑이 한결같다고 장담할 수 없습니다.

때론 당신을 싫어하고 미워하기도 할 것입니다.

하지만 당신을 사랑하겠습니다.

이를 악물고라도 사랑해내겠습니다.

다시 한 번 말하지만, 이 다짐은 윤리적 의무가 아닙니다. 나의 연약함에 대한 충분한 자의식(Self-acknowledgement)이 있기에 가능한 것입니다. "나는 결단코 주님을 버리지 않겠습니다." 호언장담하는 것이 아니라 "나는 주님을 버릴지도 모릅니다. 그런데 주님을 사랑합니다. 이를 악물고라도 사랑하겠습니다."라고 고백하는 것입니다. 이것이 바로 결단입니다.

사랑이 이러하듯 사람을 아름답게 보는 것 역시 결단입니다. 내 눈에 그가 아름답게 보이지 않을지라도 아름답게 바라보고자 하는 의지입니다. 그를 생각하면 진저리가 쳐집니다. 그가 내게 한 일들을 생각하면 마음 저 깊은 곳에서 치밀어 올라오는 분노를 느끼기도 합니다. 가슴을 치며 몸서리를 칩니다. 이것을 자기조절에 실패한 충동조절 장애로 쉽게 진단해 버린다면 그는 인간에 대한 지나친 오해를 가지고 있는 것입니다. 미운 사람을 볼 때 미워하는 것은 지극히 자연스러운 일이기 때문입니다. 고통 속에서 한숨 쉬는 것이 자연스러운 일이듯 말입니다. 하지만 분노로 인해 가슴에 피멍이 든다 해도 이를 악물고 고백하면 좋겠습니다.

"나는 당신이 아름답지 않습니다. 오히려 증오합니다. 이게 나의 모습입니다. 그러나 당신을 아름답게 바라보고 싶습니다. 싫지만, 죽어도 싫지만… 아름답다고 말하고 싶습니다."

이런 고백은 억지 용서를 통해 고결하게 살라는 주문이 아닙니다. 스스로 분노를 삭이는 일종의 마인드 컨트롤(Mind Control)을 종용하는 것도 아닙니다. 이 고백은 결단입니다. 결단은 그를 통해 나를 바라보겠다는 의지입니다. 나를 통해 그를 인식하겠다는 다짐입니다. 그래서 이렇게 말해 보는 것입니다.

"그의 모습에 화가 난 나를 바라봅니다. 분노를 부정하고 싶지 않습니다. 오히려 그렇게 화가 난 나를 나는 용납합니다. 그러나 동시에 그의 모습 속에서 나를 발견합니다. 그렇습니다. 그나 나나 어쩔 수 없는 사람입니다. 하지만 내가 나를 싫어하지 않듯, 나 역시 그를 미워하지 않으려 합니다. 오히려 그를 아름답다고 말하고 싶습니다. 이를 악물고라도 말입니다."

사람을 아름답게 바라보는 것은 쉬운 일이 아닙니다. 사랑하는 것이 참 어렵듯 말입니다. 하지만 그럼에도 "사랑한다", "아름답다"고 고백하면 참 좋겠습니다. 그것이 나와 그가 지닌 아름다움을 빛나게 하는 것이기 때문입니다.

콩나물이 자라는 것을 보면 참 신기합니다. 물은 아래로 다 빠져나가는데 콩나물은 잘 자라기 때문입니다. 그런데 이렇게 자라나는 콩나물도 사랑 받은 대로 자라납니다. 아시다시피 콩나물도 게으른 사람이 기른 것과 부지런한 사람이 기른 녀석이 다릅니다. 부지런한 사람이 기른 콩나물은 줄기가 굵고 길지만, 게으른 사람이 기른 녀석들은 잔뿌리가 많고 삐뚤빼뚤 자라납니다. 아무것도 아닌 미물 같지만 알 것 다 안다는 듯 콩나물은 물을 주는 주인을 알아봅니다. 사람도 마찬가지입니다. 사랑한다는 말, 언뜻 생각하기엔 아무것도 아닌 듯 여겨지지만 자주, 많이 듣고 자란 사람의 마음은 콩나물 줄기 모양처럼 넓고 깊어지는 것 같습니다.

"저 녀석은 저 사랑한다고 말하는데도 무뚝뚝하게 쳐다봐요. 버릇없는 놈같이…."

"아무리 얘기하면 뭐해요? 바뀌는 게 없는 똑같은 날의 반복인데…."

"사랑이요? 우리 집은 그런 말 안 통해요. 무슨…."

이렇게 말하고픈 당신께 드리고 싶은 말이 있습니다. "콩나물 크는 것 눈에 보이시던가요?" 아이들이 "이만큼 자랐구나!" 느끼는 것은 순간입니다. 콩나물 다 자랐다고 느끼는 것이 순간이듯 말입니다. 자란 아이들 마음의 깊이와 넓이가 어떠할지는 당신의 "사랑한다"는 말의 횟수와 비례합니다. 사랑도 받아 본 사람이 더 예쁘게 사랑하는 법입니다. 때문에 그가 듣지 않는다고 해도 우리는 사랑을 말해야 합니다. 그를 아름답다고 말해야 하는 이유가 여기에 있습니다. 아름답다 말하는 것은 그를 향한 아부나 아첨이 아닙니다. 그를 향한 나의 믿음이며, 동시에 그가 가진 가치의 소중함을 보겠다는 나의 결단입니다.

아름답다고 말하는 것은 동시에 자신의 삶을 살찌우는 지름길입니다. 아름다운 그 옆에 있으면 나도 덩달아 아름다워지기 때문입니다. 마음과 마음을 주고받아 인간관계를 형성하는 우리에게 중요한 것은 "아름답다, 사랑한다."고 말하는 것입니다. 그를 아름답다고 말하면 그의 마음이 깊고 넓어집니다. 그의 마음이 깊고 넓어지면 그와 함께한 나도 넓고 깊어지는 것입니다.

하지만, 이런 관계가 말하는 것처럼 쉽게 이루어지지 않는다 해도 너무 가슴 아파하지 않으면 좋겠습니다. 물론 하나님께서 잘해주실 것이라는 기대를 포기하라는 말은 아닙니다. 다만 섣부른 기대에는 언제나 우리의 욕심이 담길 수 있다는 것을 기억해야 합니다. 기대나 소망으로 교묘하게 위장한 욕심은 우리가 정말 가져야 할 희망을 보지 못하게 하기 때문입니다.

나를 정말 싫어하는 그에게, 혹은 죽어도 좋아할 수 없는 그에게 말해 보는 것입니다. "당신은 아름다운 존재입니다." 그가 아무런 반응을 보이지 않는다 할지라도, 죽어도 하고 싶지 않을지라도 우리가 해야 할 일은 "이를 악무는 것"입니다. 이 악물고 말해 보는 것입니다.

"사랑합니다."

그를 살리고 나를 살리는 비밀이 이 한 문장에 있습니다. 그런데 정말 그의 얼굴에 대고 이렇게 이를 악물고 사랑한다 말하진 않으시겠지요?

아름다움 하 나_3

나에게 들려주는 아름다운 이야기,
"사랑해, 미안해, 힘들지?"

미국에서 공부할 때 만난 친구가 있습니다. 마크 골드웰이란 친구였는데 키가 작아 "미키 마크"란 애칭으로 불리던 마음이 넉넉한 친구입니다. 신학을 공부하기 전 물리치료사로 일했던 친구였는데 가끔 재미난 이야기를 주고받았던 적이 있었습니다. 어느 날 이 친구가 제게 느닷없는 질문을 하나 했습니다.

"자기가 자기 몸 마사지 하는 것하고, 다른 사람이 해주는 것하고 어떤 게 더 좋을까?"

별 걸 다 묻는다 싶어 당연히 다른 사람이 해줘야 더 좋지 않느냐고 퉁명스럽게 말하는 제게 그가 이렇게 말했습니다.

"더 좋다는 말은 더 효과적이란 말과 같은 거야. 자기가 자기 몸을 마사지할 때 더 효과적이야. 결국 더 좋은 거지. 신기하게도 우리는 만져야 할 곳을 주무르더란 말이야. 그런데 그렇게 자기 몸을 만지면 몸의 근육이 다르게 반응해. 신기하지 않아? 내가 그걸 임상적으로 밝히려고 했는데 못해서 아쉬워. 하지만 난 그렇게 확신해."
"에이, 그게 뭐야. 심증은 있는데 물증이 없다는 말이잖아."

사실 친구의 말에 반신반의했습니다. 그런데 얼마 후 그의 말을 시험해볼 기회가 있었습니다. 교회에서는 부교역자로, 학교에서는 신학대학원 학생들을 가르치는 교육 조교(Teaching fellow)로, 또 지도 교수님의 집필을 돕는 연구 조교로, 게다가 박사 학위논문까지 쓰느라 분주하게 지내던 어느 날, 가슴이 답답해지며 심장이 이상하게 뛰는 것을 느꼈습니다. 손발이 저리기도 하고 편두통도 심해지고 기분도 영 별로였습니다. 이러다 말겠지 했는데, 빈맥과 부정맥과 같은 이상 증후로 한동안 힘들었습니다. 병원 의사는 검사결과 아무런 문제가 없다고 말했습니다. 결국 현대병의 원인인 심인성(心因性) 스트레스 때문이란 것입니다. 당시 제 연구 주제가 심리 내부의 스트레스 형성에 관한 연구였는데, 아이러니하죠?

스트레스에 기인한 심인성 증상들은 조용히, 느닷없이 찾아옵니다. 새삼스럽지 않은 사실이지만 겪고 보니 곤혹스러웠습니다. 도서관을 이

잠듯 뒤지다 그렇게 찾아 헤매던 문서 하나 들고 뛸 듯이 기뻐할 때가 많고, 학생들을 가르치며 논문 쓰는 것에 재미와 즐거움을 느낄 때가 많았습니다. 게다가 교회사역 역시 영적인 쉼을 가져다주었기에 큰 힘이 될 때가 많았습니다. 틈틈이 운동도 하며 즐겁고 행복하게 살아가고 있었는데 제 마음은 아니었나 봅니다. 그때 깨달은 것이 영(Spirit)과 혼(Soul)과 몸(Body)으로 이루어진 "통전적인 나"에 대한 인식이었습니다. 하나를 이루고 있으나 제 각각의 특성으로 구성되어 있다는 것을 새삼 느낄 수 있었습니다. 아무리 영적으로 깨끗해도 운동하고 활동하지 않으면 근육이 제대로 형성되지 않듯, 우리의 감정(Soul)도 다루어져야 한다는 사실을 그때 깊이 깨닫게 되었습니다.

혹시 캔디 아시나요? 안소니, 테리우스와 함께 사랑 이야기를 만들어 간 캔디 말입니다. 그 주제가를 잘 아시죠?

"외로워도 슬퍼도 나는 안 울어. 참고 또 참지 울긴 왜 울어."

그런데 곱씹어 생각해 보면 이렇게 사는 캔디가 참 불쌍하다 싶습니다. 살아가며 절대로 울지 않겠다고 소리치는 캔디의 모습이 가련하지 않으세요? 비록 만화 속 주인공이긴 하지만, 살아가고자 기를 쓰며 절대로 울지 않겠다는 캔디를 생각해 보면, '저러다 큰일 나지' 하는 생각이 듭니다. 울고 싶을 때 우는 것은 나쁜 것이 아니기 때문입니다. 만화 속 주인공인 캔디가 이렇게 자신의 감정을 무시하듯 억압하며 살았다 생각해 보죠. 그렇게 나이 들어 중년이 된 캔티의 주제가는 이렇게 바뀔 수도 있습니다.

"외로워도 슬퍼도 나는 안 울어. 참고 또 참지 울긴 왜 울어. 내 이름은, 내 이름은, 내 이름은 '화병'."

그나마 다행인 것은 울지 않겠다고 거듭 다짐하던 캔디지만 그래도 틈틈이 운동도 하고 노래도 했다는 겁니다.

"웃으면서 달려보자 푸른 들을, 푸른 하늘 바라보며 노래하자."

이렇게라도 했으니 중년의 캔디는 화병으로 크게 고생하진 않을 겁니다. 심각한 심인성 통증이나 증상들을 경험하지는 않을 겁니다. 그럼에도 자기감정에 대한 관리의 소홀로 어느 정도의 심인성 증상들로 힘든 순간들을 맞이하게 될 것입니다.

참고 살아가는 것, 행복과 성공을 위해 불굴의 의지로 살아가는 것, 참 좋은 삶의 태도입니다. 이것을 나무라고 싶지 않습니다. 틀렸다고 말할 수도 없습니다. 그러나 자기감정 모두를 외면하고 살아서는 안 됩니다. 물론 함부로 자기감정을 표현해 다른 사람에게 상처를 주어서는 안 되겠지요. 그러나 자기 자신의 감정에 민감해진다는 것은 자기를 잘 관리한다는 것으로 이는 정말 중요합니다.

사실 캔디 주제가는 삶의 어떤 영적인 특성을 강조한 노래입니다. 가슴 뛰는 미래를 그리며, 푯대를 향해 끊임없이 달려가는 모습을 강조하는 영적인 측면은 우리 가슴을 벅차게 합니다. 가슴 뛰는 삶을 살게 합니다. 하지만 그렇게만 살 수 없다는 것도 받아들여야 합니다. 자칫 잘못하다가는 가슴 뛰는 삶이 진정되지 않아 항상 가슴 뛰는 빈맥으로, 혹은 부정맥으로 고생할 수도 있습니다. 그래서 삶의 영적인 특성을 강조할 때에는 반드시 함께 생각해야 하는 또 다른 삶의 측면이 있습니다. 그것이 혼(Soul)입니다.

혼은 정서와 감정, 느낌 등을 표현하는 말입니다. 혼에 대한 관리가 필요합니다. 자신의 감성과 정서에 민감해야 합니다. 왜 아픈지, 어떤 점에서 슬픈지, 왜 기쁘고 즐거운지, 자기 자신의 감정에 대한 관리가 이루어져야 하는 것입니다.

감정이란 무시하려 해도 무시되어지지 않고, 떠나보내고 난 후에도 또 다시 찾아와 우리를 힘들게 합니다. 때론 불청객처럼 생각하지도 않은 순간에 우리를 찾아옵니다. 하지만 우리는 감정에 휩싸인 채 살아갈 수 없다고 외치는 이성적 세상을 살고 있습니다. 때문에 찾아온 감정을 부정하려 합니다. 피해 도망 다니기도 합니다. 참다 참다 폭발하듯 표현하기도 합니다. 감정에 대한 우리의 이러한 태도는 우리에 대한 방치입니다. 방임입니다.

지금 화가 나지 않는다고 일생 화를 내지 않고 살 수 있는 사람은 없습니다. 아무리 살아있는 성자, 추앙받는 사람이라고 할지라도 어떤 감정을 경험하게 되는 것은 어쩔 도리가 없는 것입니다. 생겨나는 감정이야 어쩔 수 없는 것입니다. 그렇기에 무시하거나 회피하려 노력하는 것은 적절한 대처 방법은 아닐 것입니다. 오히려 우리에게 필요한 것은 직면(Confrontation)입니다. 힘들지만 자신의 감정을 흘려보내거나 회피하지 않고 그것의 뿌리를 파헤쳐 보는 것, 이것이 직면입니다. 그래서 나라는 존재에 대해 좀 더 민감해지는 것입니다. 그래야 보다 건강한 "통전적 나"를 이루어 갈 수 있을 테니까요.

우리의 육체에 대해 민감해지는 것도 참 중요합니다. 건강에 대해 생각한다는 것은 다른 말로는 자신의 신체에 대해 민감해진다는 것입니다. 심폐기능은 어떤지, 콜레스테롤 수치는 어떤지, 뼈와 관절의 기능은 어떤지 살펴보는 것입니다. 그래서 자신에게 적절한 음식을 섭취하고 적당한 운동을 개발하는 것입니다. 남이 좋다고 다 먹고, 남이 하니 따라하는 운동이 아니라 자신에게 알맞은 음식과 운동을 찾아낸다는 것은 자신에게 민감해질 때 가능한 일입니다.

이제 제 자신이 경험한 스트레스로 인한 통증을 어떻게 다루었는지 말해보겠습니다. 우선 미키 마크, 제 친구가 가르쳐준 대로 저를 주물러 보았습니다. 애정을 가지고 정성껏 문지르며 주물렀습니다. 제 자신을 정말 불쌍히 여기는 마음으로 저의 감성도 주물러 보았습니다. 제 머리를 쓰다듬으며 이렇게 말했습니다.

"힘들지? 미안해. 사랑해."

나도 모르는 사이에 이상한 떨림이 온몸을 감쌌습니다. 그리곤 나도 모르게 눈물이 흘러내렸습니다. 나도 모르는 사이 참 많이 힘들었구나 싶었습니다. 하나님께 이렇게 기도했습니다.

"주님 나를 불쌍히 여겨주세요."

불쌍히 여겨 달라는 기도에 다시 한번 눈물이 쏟아졌습니다. 걱정할까 싶어 부모님께도, 아내에게도, 아이들에게도 못내 말할 수 없었던 어려움을 떠올리며 나를 돌아볼 수 있었습니다. 다시 한번 나를 쓰다듬으며 말했습니다.

"힘들지? 미안해 그리고 사랑해."

저는 이 글을 읽는 여러분도 이렇게 해보시면 참 좋겠다 싶습니다. 내게 들려주는 사랑 이야기이며 아름다움에 대한 이야기입니다. 아마 마음이 많이 푸근해질 겁니다. 통증도 완화되었다 느끼실 것입니다.

아름다움 하나_4

사람이 아름다운 이유

　　　　사람은 아름다운 존재입니다. 비록 그의 모습이 초라하고 연약해도, 세상 살아 온 아픔 때문에 상처 나고 모난 마음을 가졌어도 그는 아름다움을 지닌 존재입니다. 그가 아름다운 가장 분명한 이유는 그가 지구상 68억 인구 가운데 유일무이한 존재란 점입니다. 보석의 값어치를 생각해보면, "어떤 종류의 보석인가?", "얼마나 아름다운 광채를 띄고 있는가?" 등 보석 자체가 가진 가치를 평가하기도 하겠지만, 중요한 변수는 그 보석의 "희소성(稀少性)"입니다. 그런 점에서 보면 사람의 값어치는 쉽게 매길 수 없는 그런 것입니다. 유일무이하기 때문입니다.

　물론, 종(種)으로, 집단으로야 사람은 귀하게 여겨지지 않을 수도 있습니다. 너무 많아 흔하다고 생각되어질 수 있기 때문입니다. 그러나 그런 인식은 사람의 값어치를 잘 몰라 하는 미숙하고 위험한 생각입니다. 오히려 개인을 찬찬히 들여다보면 저마다 가진 독특성에 깜짝 놀라게 됩니다. 우리 각자는 이 세상에 둘도 없는 하나란 사실! 그 사실이 사람에 대한 경외감마저 느끼게 합니다. 아무리 과학에서 복제인간을 만들어, 우리 앞에 복제된 또 다른 우리를 내놓는다 할지라도, 그가 나와 함께 살고, 나와 똑같은 상황을 경험하고, 똑같은 사람들을 만나고, 똑같이 느끼고 감격하지 않는다면 그와 나는 외형적 닮은꼴에 불과한 것입니다. 그는 나와 다른 존재입니다. 내가 가진 성격, 내가 가진 생각, 철학, 세계관, 이 모든 것은 세상 하나뿐인 나만의 독특성입니다. 바로 이것 때문에 사람은 아름답고 찬란합니다.

이렇게 사람이 유일무이한 존재가 된 데에는 우리가 하나님의 형상대로 지음받았다는 성경적 진리가 숨어 있습니다. 유일무이하신 하나님께서 자신의 형상대로 우리를 지으셨으니, 만들어진 우리들이 유일무이한 것은 당연한 결과입니다.

사람이 유일무이하다는 것의 또 다른 표현은 다양하다는 것입니다. 다양하기에 달라도 참 다릅니다. 이 때문에 나와 평생을 함께해 온 배우자라 해도 절대로 나를 다 이해하지 못하는 것입니다. 내 배 아파 낳은 내 자녀도 나를 다 이해하지 못합니다. 절대로 못할 것입니다. 만약 이해할 거라 여기셨다면 꿈 깨라 말씀드리고 싶습니다.

나를 온전히 이해할 수 있는 존재는 나를 지으신 하나님과 나 자신밖에 없습니다. 그만큼 우리는 다릅니다. 이 차이를 인정해야 합니다. 그래야 차별하지 않게 됩니다. 함부로 그를 폄하하지도 않을 것입니다. '내게 대체 왜 그렇게 하는지' 궁금해 하며 속상해 하지도 않을 것입니다. 만약 누군가와 갈등을 느끼고 있다면, 하나님께서 우리를 얼마나 다르게 만드셨는지를 느끼셔야 합니다. 갈등이 있다는 것은 그와 내가, 내가 그와 다르다는 말이며 이 다름을 인정하지 못한다는 말입니다. 하지만 분명한 것은 우리 모두는 달라도 참 다르며, 바로 그 때문에 세상 누구보다 우리는 귀하며, 그 무엇과도 바꿀 수 없는 특별한 존재라는 사실입니다.

초등학교에서 아이들을 가르치는 오세영 선생님의 시를 소개합니다. 아이들을 별과 꽃으로 바라본 선생님의 사랑 이야기입니다.

    교실은 온통 별 밭이다.
    초롱초롱 반짝이는 너희들의 눈
    별 하나의 꿈,
    별 하나의 희망,
    별 하나의 이상,

    교실은 흐드러진 장미 밭이다.

까르르 웃는 너희들의 웃음

장미 한 송이의 사랑,

장미 한 송이의 열정,

장미 한 송이의 순결,

교실은 향긋한 사과 밭이다.

수줍게 피어나는 너희들의 봄

사과 한 알의 보람,

사과 한 알의 결실,

사과 한 알의 믿음,

교실은 찬란한 보석 밭이다.

너희들의 빛나는 이마

이름을 부르면 하나씩 깨어나는

사파이어, 에메랄드, 다이아몬드,

아 너희들은 영원히 빛나는

별밭이다.

꽃밭이다.

선생님에게 아이들은 별과 꽃이었습니다. 아이들이 가진 저마다의 모습에서 선생님은 다양한 별과 꽃이 지닌 서로 다른 색깔과 향기의 아름다움을 발견하신 것입니다. 그리고 자신은 그 꽃들과 별들의 향연 가운데 있다는 듯 노래합니다. "교실은 별 밭이다 꽃밭이다." 선생님의 이런 시선이 부러운 저도 이렇게 말해봅니다.

"내가 별이며 꽃이듯 당신도 별이며 꽃입니다. 눈부시게 아름다운 별, 향기가 매력적인 아름다운 꽃입니다. 이 세상을 살아가는 우리는 참 아름다운 별입니다. 꽃입니다."

왜 아름다우냐고요? 단 하나뿐인 개체성을 지니고 있기 때문입니다. 하지만 글을 읽는 여러분은 이런 말에 쉽게 고개를 끄덕이지 못하실 것입니다. 아무리 하나뿐이라고 해도 그것을 아름답다고 여길 정도로 '좋다'고 여길 수 없다 생각하시기 때문입니다.

"그럼, 고약한 그의 성격도 하나뿐이니 아름답다는 것입니까?"

"세상을 비관적으로 바라보는 나의 눈도 아름답다는 것입니까?"

"세상 살며 온갖 아픔 다 겪었는데 내가 살아온 삶이 아름답다는 말입니까?"

충분히 항의하실 수 있습니다. 사람을, 세상을 아름답다고 느낄 만큼 좋은 일을 경험해 보지 못하면 그렇게 말할 여유가 없다는 것을 잘 알고 있습니다. 그럼에도 저는 말하고 싶습니다. 고약한 그의 성격도, 비관적인 나의 눈도, 별것 없이 살아온 내 삶도, 그 자체로 아름답다고 말하고 싶습니다. 쉽게 인정하실 수 없겠지만 제 이야기를 끝까지 읽어 주시면 좋겠습니다.

한 번은 제게 한 여대생이 찾아왔습니다. 자신을 "걸레"라고 표현하던 여학생이었습니다. 자신이 살아온 나날을 싸잡아 "걸레"라는 말로 표현한 뒤 한없이 서럽게 울었던 친구였습니다. 가슴이 무거워 긴 한숨 한번 쉬고 싶었으나 그것도 상처가 될까 싶어 그저 젖은 눈으로 바라볼 수밖에 없었습니다. 자매가 돌아간 뒤 내내 마음이 무거웠는데 며칠 후 용기를 내어 그 여학생에게 아래 시를 전자우편으로 보내주었습니다. 필명으로 "이 아무개"라고 불리길 원하는 이현주 목사님의 글입니다.

〈 걸레만큼만 〉

걸레만큼만 깨끗했으면 좋겠네.

유리창 걸레는 유리창보다 깨끗하고
마루걸레는 마루보다 깨끗하고
똥 걸레는 똥보다 깨끗하니

똥을 만나면 똥보다 조금 더 깨끗하고
마루를 만나면 마루보다 조금 더 깨끗하고
유리창을 만나면 유리창보다 조금 더 깨끗한

오. 걸레만큼만, 이 세상 사는 동안에
걸레만큼만 깨끗했으면 참 좋겠네.

이 글을 받은 자매가 몇 날이 흐른 뒤 찾아와서는 내내 울다 갔습니다. 이번에 와서는 아무 말 없이 울기만 했습니다. 울고 있는 사람 앞에서 별 할 일 없이 앉아 있던 저도 마음이 아파 같이 울었더랬습니다. 같이 훌쩍이다 자매가 간다고 하기에 배웅해 주었습니다. 돌아가는 자매를 뒤에서 바라보며 '하나님, 저 자매 정말 잘해주세요.' 하고 기도했습니다.

자매가 찾아온 내내 한마디 하지 않고 그저 같이 울기만 한 데는 이유가 있었습니다. 제가 가진 신앙고백 때문입니다. "마른 눈으로는 세상이 잘 보이지만 하나님은 잘 안 보입니다. 하지만 젖은 눈으로는 세상이 흐릿하게 보이는데 하나님은 더 잘 보입니다."라는 사실 때문입니다. 눈물 속에서 자매는 하나님을 또렷이 발견했을 것입니다. 하나님께서 자매를 만지실 텐데 굳이 내가 말하지 않아도 되겠다 싶었습니다.

사실 상담의 현장 속에서 아프고 힘들어하는 사람들을 만나면 에이는 가슴만 쥐어뜯을 때가 있습니다. 가슴 한편 큰 돌덩이 하나 지고 있는 듯 답답함에 가슴이 아플 때면 내면 깊은 곳에서 메아리쳐 오는 말이 있습니다. 뇌성마비 장애인 송명희 시인의 노래입니다.

웃는 게 다 기쁨이 아니며
우는 게 다 슬픔이 아니다.

죽는 게 다 죽음이 아니며
사는 게 다 생명이 아니다.

하나님은 기쁨으로도 슬픔을 만드시며
하나님은 죽음으로도 생명으로 바꾼다.

"우는 게 다 슬픔이 아닐 게다. 죽는 게 다 절망은 아닐 게다." 가슴 저미도록 내뱉고 싶은 말들이지만 흐르는 눈물처럼 쉽게 내뱉진 못하는, 그래서 너무 아픈 말입니다.

다시 몇 주가 지나 자매를 만났습니다. 이번엔 그 자매에게 진심을 다해 말했습니다. 자매가 들을 만하다 여겼기 때문입니다.

"평생 걸레로 살 겁니다. 머리에 둔기로 한 대 얻어맞아 단기기억상실증에 걸리거나, 나이가 많이 들어 인지증(치매)에 걸리기 전까진 걸레 같은 경험 절대로 잊을 수 없을 거예요."

쉽게 할 수 없는 말이 입에서 나왔고 그 말에 자매나 저나 다시 한 번 가슴 아팠습니다.

"하지만 걸레만큼만 깨끗하면 좋겠다는 사람이 있다는 것을 기억해야 합니다. 나는 자매가 그렇게 자신의 아름다움을 발견했으면 좋겠습니다. 걸레여서 아름답다는 이현주 목사님의 마음이 자매의 마음이 되면 참 좋겠습니다."

짧은 만남이었지만 현실을 회피하거나 억압하는 것이 아닌 직면하는 방법을 자매는 배운 것 같았습니다. 걸레 같은 경험을 했기에 자매는 앞으로도 걸레 같은 눈으로 세상을 바라보게 될 것입니다. 하지만 당당한 걸레가 될 것입니다. 그래서 걸레가 필요한 곳에서 참으로 귀하게 사용될 것입니다.

우리 안에 감춰진 보화가 있습니다. 고약한 성격을 가졌어도, 비관적인 눈을 가졌어도, 좋은 경험 많이 못해 세상이 억울하게 느껴져도 우리에겐 감춰진 보화가 있습니다. 그 보화를 발견해야 합니다. 회피하거나 억압하거나 다른 것으로 대치하는 대신 두 눈을 부릅뜨고 분명하고 똑똑하게 바라보는 것입니다. '나'라는 존재가 어떤 존재인지 발견해야 합니다. 그런 나에게 "너는 아름답지 않아!"라고 세상은 말할지도 모르겠습니다. 불가능하다고 아예 단정 지을지도 모릅니다. 하지만 그런 단정에 좌지우지되는 존재가 아니라는 몸부림이 우리에게 있어야 합니다. 어떤 타입이나, 어떤 유형이나, 어떤 혈액형에 의해 분류되는 존재가 아니란 사실을 깨달아야 합니다. 나는 이 세상에 하나뿐인 그래서 너무 아름다운, 찬란하리만치 아름다운 존재란 사실을 기억해야 합니다.

아름다움 하 나 _ 5

사람이 아름다운, 성경적인 이유

사람이 아름다운 보다 근원적인 이유는 하나님께서 사람을 참으로 아름답게 여기시기 때문입니다. 기독교의 중심엔 무엇이 있을까요? 물론 성부, 성자, 성령 삼위일체의 하나님이라고 말하실 것입니다. 당연합니다. 그렇다면 삼위일체 하나님의 중심엔 무엇이 있을까요? 저는 사람이라고 단언하고 싶습니다. 사람이 하나님의 중심에 없었다면 왜 세상을 만드셨겠습니까? 왜 독생자 예수그리스도를 아낌없이 희생 제물로 주셨겠습니까? 왜 그 예수님을 다시 살리셔서 영생에 대한 소망을 허락하셨겠습니까? 하나님의 중심에 사람이 있기 때문입니다. 하나님의 열정, 하나님의 절절함은 사람을 향해 있다는 말입니다. 저는 그래서 이렇게 말하고 싶습니다.

"기독교의 중심엔 사람이 있습니다."

이제 성경 한 군데를 찾아 기독교의 중심에 사람이 있다고 말한 이유를 조금 더 풀어 드리도록 하겠습니다. 마태복음 9장 35-38절은 이렇게 기록하고 있습니다.

> 예수님은 모든 도시와 마을을 다니시며 여러 회당에서 가르치시고 하늘나라의 기쁜 소식을 전하며 모든 병과 허약한 체질을 고쳐주셨다. 또 예수님은 목자 없는 양같이 흩어져 고생하는 군중들을 보시고 불쌍히 여기셨다 그래서 예수님은 제자들에게 추수할 것은 많으나 일꾼이 적다. 그러므로 너희는 주인에게 추수할 일꾼을 보내달라고 간청하여라 하고 말씀하셨다.(쉬운성경)

마태복음의 저자인 마태는 예수님의 주변을 에워싸고 있던 사람들을 가리켜 '목자 없는 양'과 같다고 표현하였습니다. 목자를 잃은 것뿐 아니라 '흩어져 고생했다'는 단어를 사용해 예수님의 주변에 모여든 사람들의 모습을 묘사하였습니다. '흩어져 고생했다'라는 헬라어 단어는 목자 없는 양이 만나게 된 고난을 말해 주는 표현들입니다. '흩어졌다'는 헬라어 단어의 어의(語意), 즉 말의 뜻은 '강한 턱을 가진 짐승에게 물리게 된 상태'를 말하는 것입니다. 그러니 목자를 잃은 양들이 흩어지는 것입니다. 이리 저리 도망 다니는 것이지요. '고생했다'는 단어의 말의 뜻은 '그 강한 턱을 가진 짐승에게 물리고 뒤흔들려 내동댕이쳐진 상태'를 말하는 것입니다. 당연히 죽음과 같은 고생을 맛보고 있는 것입니다. 마태는 예수님이 이들을 불쌍히 여기셨다고 기록합니다. 그러나 예수님의 말씀은 마태의 이런 의견을 정면에서 반박하고 계시는 듯합니다. 예수님께선 오히려 이렇게 말씀하셨기 때문입니다.

"추수할 것은 많으나 일꾼이 적다."

왜 그들, 불쌍히 여김받아 마땅한, 흩어져 고생하는 사람들을 가리켜 '추수'할 것이라고 표현하셨을까요? 사실 '추수'라는 단어는 본문의 상황을 생각해 보면 적절치 않습니다. 적어도 마태의 시선을 통해 묘사된 사람들의 현재를 생각하면 말입니다. 만약 예수님께서도 마태처럼 사람들이 다 죽게 되었고 더 이상 소망이 없다고 보셨다면, '추수'라는 단어 대신 다른 말을 하셨어야 했다는 것입니다. 사실 '추수'라는 말은 '무엇인가 거둘 것이 있다', '열매가 익었다', 혹은 '열매를 거둘 만큼 탐스럽다'는 전제가 있는 단어입니다. 예수님도 마태처럼 오히려 소망이 없다고 생각하셨으면 '거름 줄 것이 많다', 혹은 '가꾸어야 할 것이 많다' 등의 표현을 하셨어야 더 적절하지 않을까요? 하지만 예수님은 제자들을 보시고 추수할 것이 많다고 말씀하셨습니다. 더 나아가 그는 이렇게 요청합니다.

"추수하는 주인에게 청하여 추수할 일꾼들을 보내주소서 하라."

예수님의 생각에 동의할 사람들이 필요하다고 말씀하시는 것입니다.

'소망 없다' 여겨지는 곳에서 오히려 소망을 발견하고, 아름답지 않은 사람들을 아름답게 바라볼 동역자를 찾겠다는 말씀입니다. 그래서 이어지는 10장에선 제자들을 부르십니다. 그들은 예수님 자신과 같은 눈으로 세상을 그려갈 사람들입니다.

예수님의 두 눈은 사람들에게 집중되어 있었습니다. 다시 말해 두 눈에 그득한 것이 사람들이었습니다. 우리들의 나약한 모습에도 불구하고, 비참하고 완악한 모습에도 불구하고 말입니다. 저자인 마태는 사람들을 불쌍하게 여겼지만 예수님은 추수할 것이 있는 존재로, 가능성을 가진 존재로 사람들을 바라보셨습니다. 이러한 예수님의 전혀 다른 시선은 그분의 남다른 세계관 때문입니다. 그분의 세계관을 보다 정확하게 이해하려면 언급한 본문의 전반부를 살펴볼 필요가 있습니다.

마태복음 1장에서부터 4장까지는 예수님의 사역에 대한 서론 격이 되는 기록들로 채워져 있습니다. 1장에선 예수님의 혈통적 계보가 기록되어 있고, 2장에선 출생에 관한 기록이, 3장에선 세례 받으신 이야기가, 4장에선 시험 받으신 내용과 제자들을 선택하신 이야기가 기록되어 있습니다. 이러한 개론적 이야기가 기록된 후 5장에서부터 비로소 예수님의 본격적인 사역이 시작됩니다. 7장까지는 갈릴리의 작은 산에서 사람들을 가르치신 이야기가 기록되어 있습니다. 이를 '산상수훈' 혹은 '산상보훈'이라고 합니다. 아마 예수님은 자신이 펼쳐갈 사역에 대한 구체적인 청사진을 보여주는 것이 중요하다고 생각하신 것 같습니다.

그의 청사진은 기존의 율법 교사인 바리새인과 서기관들의 가르침과 달랐습니다. 그래서 사람들은 그의 이야기를 듣고 많이 놀랐습니다(마 7: 28-29). 눈은 눈으로, 이는 이로 갚는 게 당연한 줄 알았는데, 오른 뺨을 치거든 왼쪽도 돌려 대라고 말합니다. 억지로 2Km를 가자고 하는 이가 있으면 넉넉히 4Km를 가라고 말합니다. 남의 작은 실수보다 자신이 저지르고 있는 잘못들을 생각하라고 말합니다. 모두가 찾는 넓은 문보다 아무도 찾지 않는 좁은 문으로 들어가라고 말합니다. 그의 가르침은 보다 본질적이었다는데 그 특징이 있습니다. 사실 당시 율법 교사들은 형식을 중요하게 생각했습니다. 그래서 율법이 정한 규율에 따라 사람들을 판단하고 정죄하길 좋아했습니다. 그들의 관심은 보다 정확한 룰(Rule)을 만드는 것에 있었습니다. 하지만 예수님의 가르침은 달랐습니다. 법이나 룰이 중요한 게 아니라 그 룰과 법의 근본정신이 중요하다고 말씀하신 것입니다.

우리가 잘 아는 십계명, 즉 하나님께서 모세를 통해 제정하신 열 가지 계명이 있습니다. 이 계명이 많다고 생각하십니까? 어찌 보면 많고 까다롭다고 생각될는지도 모르겠습니다. 그런데 계명을 따라야 하는 입장에선 많은 것이 아닙니다. 예를 들어, 십계명의 제3계명은 "너는 너의 하나님 여호와의 이름을 망령되이 일컫지 말라"입니다. 그렇다면 여호와의 이름을 어떻게 쓰는 것이 망령되이 일컫지 않는 것일까요? 여기에 다양한 해석이 있을 수 있습니다. 그래서 그 계명에 따른 하위 법칙들이 필요하게 된 것입니다. 그로 인해 나타난 현상을 하나 말씀드릴까요? 당시엔 복사기라든지 인쇄기가 없었기 때문에 성경을 다른 이에게 전해 주려면 손으로 직접 써야 했습니다. 그때, 성경을 필사하다 '여호와, 혹은 야훼(YHWH)'라는 신명 4문자(tetragrammaton)가 등장하면 여호와의 이름을 망령되이 일컫지 않기 위해 몸을 씻어야 했습니다. 그리고 'YHWH'란 음가를 발음한 것이 아니라 "아도나이(주님: Lord)"라고 불렀습니다. 하나님의 이름조차 함부로 거론되어선 안 된다고 생각했기 때문입니다. 그래서 신명 4문자에 대한 정확한 음가가 불분명하게 전해지게 되었습니다.

한 가지 예를 더 들면, 제4계명은 "안식일을 기억하여 거룩히 지키라"입니다. 계명은 계명인데 구체적인 사례가 없으니 지키려는 사람은 답답한 것입니다. '어떻게 해야 거룩히 지키는 것일까?' 그래서 율법 교사들이 하위 법칙들을 만들어 냈습니다. '안식일엔 일하면 안 된다' '물건을 사고팔아도 안 된다' 등등의 작은 법칙들을 만들었습니다. 그래서 열 가지 계명에 대한 하위 법칙을 613가지나 만들게 되었습니다. 하지만 예수님은 사람들이 펼쳐놓은 율법이 그래도 여전히 미완성이라고 말씀하셨습니다(마 5:17). 그러면서 아주 이상한 방식으로 율법을 완성하십니다. 모세의 열 가지 계명도 많다는 듯, 달랑 두 계명으로 압축하십니다.

예수께서 이르시되 네 마음을 다하고 목숨을 다하고 뜻을 다하여 주

너의 하나님을 사랑하라 하셨으니 이것이 크고 첫째 되는 계명이요 둘째도 그와 같으니 네 이웃을 네 자신 같이 사랑하라 하셨으니

(마 22:37-39)

율법을 완성하러 오신 예수님의 입에서 율법을 크게 축소시키는 말씀이 터져 나왔을 때 사람들이 받은 혼돈과 모호함이 어떠했을까요? 아마 머리 아팠을 겁니다. "뭐 하자는 거냐?" 싶었을 테지요. 그러나 예수님이 정말 말씀하고 싶었던 것은 무엇일까요? 조곤조곤 쪼개 놓은 율법을 지키고 안 지키느냐는 중요한 게 아니라고 여기신 것 같습니다. 그것보다 율법 속에 감춰진 하나님의 마음을 아는가 하는 점을 더 중요하게 여기셨습니다. "순종이 제사보다 낫다"(마 12:7)고 말씀하신 예수님은 마치 이렇게 이야기 하시는 것 같습니다.

하나님께서 주신 열 가지 계명은 어찌 보면 허술한 것입니다. 하지만 그 열 가지 계명만을 말씀하신 하나님의 심정을 헤아려 보면 좋겠습니다. 하나님의 열정, 사람을 향한 열정 말입니다. 하나님께서 우리에게 정말 주시고 싶었던 것은 우리를 향한 그의 사랑이었습니다. 그런 점에서 계명은 사람을 옥죄는 당위만을 나열한 것이 아닙니다. 우리를 향한 하나님의 사랑 표현입니다. 나는 이제 단 두 가지 계명만을 말하였습니다. 하나님 사랑과 사람 사랑 말입니다. 이 두 계명을 통해 말하고 싶은 것 역

시 나의 사랑 노래입니다. 절절히 마음을 파고드는 사랑입니다.

예수님의 사역에 대한 청사진인 산상보훈이 끝나고 예수님은 말씀하신 대로 사셨습니다. 그 내용이 마태복음 8장과 9장에 기록되어 있습니다. 아파서 힘든 사람에게 사람들은 죄인이라고 정죄했습니다. 아픈 것이 하나님의 징벌이라고 생각했기 때문입니다. 하지만 예수님은 "죄 사함을 받았다!"고 선언하십니다. 하나님께서 "여전히 그를 사랑하고 계시다" 말씀해 주고 계신 것입니다. 사람들은 죽었다고 했는데, 예수님은 "잔다"고 하시며 어린 소녀를 살리셨습니다. 귀신 들린 사람보다 돼지가 걱정인 사람들에게 한 생명이 천하보다 귀함을 말씀하셨습니다. 그런 내용이 마태복음 8-9장에 기록되어 있습니다.

9장 마지막엔 예수님의 초기 사역에 대한 요약이 있습니다. 그것이 위에서 언급한 마태복음 9장 35-38절 말씀입니다. 그래서 예수님은 모여든 주변의 병들고 누추한 사람들을 "추수할 것이 많은 존재"라고 말씀하신 것입니다. 남들은 버렸지만 그분은 버리지 않은 것입니다. 다른 사람들은 불가능하다 말할 때, 오히려 가능하다 말씀하셨던 것입니다.

저는 이런 예수님의 눈이 좋습니다. 배우고 싶고 갖고 싶습니다. 보다 본질적인 것을 바라보며, 예수님께서 바라보셨던 그 본질로 살아가고 싶습니다. 현상에 마음 졸이고 아파하기보다, 때론 나타난 결과에 단순히 기뻐하는 것이 아닌, 숨겨진 진실과 감춰진 진리에 더 목말라하고 더

애태우는 사람이고 싶습니다. 그래서 예수님처럼 이 세상을 아름답게 바라보며 살고 싶습니다. 사람을 보다 찬찬히 바라보며 저마다의 독특한 아름다움에 민감해지고 싶습니다.

이름이 약간 지저분하게 들리는 프랑스의 문화해석학자가 있습니다. '르네 지라르'(Rene Girard)입니다. 희생양, 폭력과 성스러움, 문화의 기원등 걸출한 책들을 써낸 학자입니다. 이 사람이 언급한 단어가 있습니다. 아리스토텔레스의 'Mimesis'라는 용어입니다. '미메시스'는 흉내내기, 혹은 모방이란 뜻의 그리이스어입니다. 르네 지라르는 생각하였습니다. 대자연 즉, 하늘과 구름, 산과 들, 강과 바다에는 하나님의 감동이 담겨 있다고 말입니다. 천지를 창조하시기전 하나님의 가슴에는 어떤 뜨거운 열정이 있으셨고, 그 뜨거운 마음을 펼쳐 내신 것이 창조되어진 이 세상에 있는 모든 것이라고 여긴 것입니다. 따라서 그는 대자연을 첫 번째 미메시스, 즉 하나님의 마음을 표현한 첫 번째 모방 작품이라고 말했습니다.

그는 이어 대자연을 바라보고 감동하는 사람들을 예술가들이라고 보았습니다. 그는 예술가들이 머리끝에서 발끝으로 이어지는 전율과도 같은 감동으로 시를 짓고, 글을 쓰고, 음악을 하며, 그림을 그린다고 보았습니다. 지라르에 의하면 예술가들의 예술 작품은 두 번째 미메시스, 즉 하나님의 마음에 대한 두 번째 흉내 내기입니다.

하나님이 지으신 사람은 아름답습니다. 어떤 모습을 가졌더라도 하나님이 지으셨기 때문입니다. 하나님의 가슴, 그 뜨거운 마음을 이 땅에 고스란히 담아 내셨고, 그것이 바로 우리입니다. 그러므로 사람을 바라보며 하나님의 뜨거움을 느껴 보면 좋겠습니다. 하나님의 그 절절한 사랑이 얼마나 잘 담겨졌는지 하나님께선 우리를 지으시고 참 좋아하셨습니다. 성경이 말한 대로 사람은 하나님의 뜨거운 가슴을 그대로 표현한 작품입니다. 그래서 아름다운 것입니다.

꽃 보 다   아 름 다 운   사 람 이 야 기

자주 흔들리고 쉽게 부러지는
연약하기 그지없는 사람이라는 꽃,
그러나 본질만은 아름답고 사랑할 수밖에 없는,
꽃보다 아름다운 사람이야기

아름다움 둘.

내가 가진
나만의 아름다움을
찾아야 합니다

아름다움 **둘**

호아킴 데 포사다(Joachim de Posada)와 엘런 싱어(Ellen Singer)가 쓴 마시멜로 이야기는 인터넷 기업의 경영자 조나단 페이션트와 그의 운전기사 찰리가 나눈 이야기들로 채워져 있습니다. 쉽게 마시멜로를 먹어치우지 않는 인내심에 대한 이야기를 하면서 섣불리 사람을 판단하지 않는 "30초 규칙"과 같은 좋은 내용도 실려 있습니다만, 이 책의 철학을 이끄는 주인공격인 조나단이 가진 기본적 생각에는 동의할 수 없습니다. 조나단은 자신의 부모님께 전해 받은 쪽지를 늘 지갑에 넣고 살아갑니다. 그리고 그 쪽지 내용을 찰리에게 비법처럼 들려줍니다.

아프리카에서는 매일 아침 가젤이 잠에서 깬다.
가젤은 가장 빠른 사자보다 더 빨리 달리지 않으면 죽는다는 사실을 알고 있다. 그래서 그는 자신의 온 힘을 다해 달린다.

아프리카에서는 매일 아침 사자가 잠에서 깬다.
사자는 가젤을 앞지르지 못하면 굶어죽는다는 사실을 알고 있다.
그래서 그는 자신의 온 힘을 다해 달린다.

네가 사자이든, 가젤이든 마찬가지다.
해가 떠오르면 달려야 한다.

   가슴이 뜨거워지는 우화일지 모르겠습니다만, 우리네 삶이 이렇다 생각하면 마음이 답답해집니다. 잡아먹히거나 잡아먹는 현실, 물론 부정할 수 없는, 명백한 우리의 삶일 테지요. 하지만 우리는 정말 잡아먹거나 잡아먹히지 않기 위해서 무작정 죽도록 달려야 할까요? 우리가 사자나 가젤 같은 동물에 불과할까요? 우리는 사람입니다. 사자나 가젤이 아닌, 사람입니다. 아침 해가 떠오르는 장관에 아랑곳없이 누군가를 잡아먹기 위해, 혹은 잡아먹히지 않기 위해 달리는 존재가 아니라는 사실을 기억해야 합니다.

아름다움 둘_1

사람에겐 저마다의 이야기가 있다

살아가는 내내 우리는 다른 사람들과 더불어 살아야 합니다. 그래서 나 아닌 다른 사람들과 어떤 관계를 맺고 있는가는 참 중요한 문제입니다. 그것 때문에 마음이 아프기도 하고 삶에 희망과 기쁨을 얻기도 하기 때문입니다. 그래서 누구를 만나는가, 누구와 함께 지내는가, 그와 내가 어떤 관계를 맺고 있는가는 우리의 현재 가치와 행복 수준을 결정해주는 중요한 단서가 됩니다. 내가 만나는 그를 나의 삶에서 아무것도 아닌 존재로 생각할 수 없습니다. 그가 결국 "나"이기 때문입니다. 나의 삶을 만들어 가기 때문입니다.

이러한 이해를 바탕으로 자기심리학(Self psychology)의 하인즈 코헛(Heinz Kohut)은 우리가 만나는 모든 대상은 우리에게 곧 산소와도 같다고 주장합니다. 산소가 우리 몸에 들어와 피와 살을 만들고 살아 호흡하게 하는 원동력이 된 것처럼, 우리가 만나는 모든 사람들도 우리 안에 그들의 모습들을 남겨놓아 나로 그들을 살아가게 한다는 것입니다. 즉 그가 내게 준 습관과 태도, 말씨와 자세로 내가 세상을 살아간다는 것입니다. 심지어 세상을 대하는 나의 태도도, 나의 철학도 그에게서 비롯되었다는 것입니다.

온 식구가 식탁에 모여앉아 아침을 먹는데 중학생이 된 딸이 자꾸 다리를 떨었습니다. 그래서 아빠가 딸애 다리를 '탁' 때리며 야단을 쳤습니다.

"너 왜 자꾸 다리를 떨어?"

이렇게 지적하면 멋쩍어하며 다리떨기를 멈추어야 할 텐데 딸아이가 되레 아빠 말을 받아쳤습니다.

"아빠는 왜 나만 가지고 그래?"

아빠는 도리어 화를 내는 아이가 기가 막혀 바라봤습니다. 그런데 딸이 불만 섞인 눈으로 아빠에게 이렇게 덧붙였습니다.

"아빠, 잘 봐! 오빠 떨지? 엄마도 떨잖아!"

가만 보니 온 가족이 다리를 떨고 있었습니다.

가르쳐 주지 않았는데도 아이들이 우리를 따라하는 것을 보면 아이들은 어른의 거울이다 싶습니다. 선천적이든 후천적이든 아이들은 어른을 따라합니다. 그래서 지위고하를 막론하고 우리 모두는 반드시 누군가에게 교재처럼 사용되고 있습니다. 즉 누군가에게 우리는 중요한 존재가 됩니다. 어떤 사람에겐 삶의 거울이 됩니다. 그래서 더불어 살아가며 누구를 만나는가는 참 중요한 일입니다. 그와의 관계 안에서 그에게 배우기 때문입니다. 그가 내가 되고 내가 그가 되는 것은 어쩌면 필연적인 일입니다.

그래서일까요? 어떤 사람을 만나 그에게서 받아야 할 사랑을 제대로 받지 못하면 허전함을 느끼게 됩니다. 그와 조금 더 깊은 관계를 만들어야 했는데 그저 피상적인 수준밖에 만남을 이끌지 못했다면 채워지지 못한 어떤 마음 때문에 갈증을 느낍니다. 어떤 사람은 어른이 돼서도 숨바꼭질(Hide and seek)을 합니다. 누구를 못 찾아 안달이라는 말입니다. 이것을 병리적으로 일컫는 말이 스토킹(Stalking)이며 의부증 혹은 의처증입니다. 그가 어디에 있는지 반드시 알아내야겠다는 것입니다. 무엇을 하는지, 어디에 숨어 있는지 의심과 탐색의 눈초리로 바라보는 것입니다. 어떤 사람은 평생 "엄마 찾아 삼만리"를 합니다. 그의 인생 여정 내내 채워지지 못한 사랑 때문에 아파합니다. 엄마의 부재로 인한 상실감 때문에 어른이 된 뒤에도 병리적이거나 강박적으로 무엇인가에 매달리게 됩니다.

이제 함민복 시인의 글 "눈물은 왜 짠가"와 기형도 시인의 시 "엄마 생각"을 소개하겠습니다. 함민복, 기형도 시인의 시 두 편의 소재로 등장하는 공통된 인물은 어머니입니다. 함민복의 어머니나, 기형도의 어머니나 가난하긴 매한가지였던 것 같습니다. 두 가난한 어머니가 어떻게 시인들의 삶에 남아 있는지 생각해 보시면 좋겠습니다.

〈 눈물은 왜 짠가 〉

지난 여름이었습니다. 가세가 기울어 갈 곳이 없어진 어머니를 고향 이모님 댁에 모셔다 드릴 때의 일입니다. 어머니는 차 시간도 있고 하니까 요기를 하고 가자시며 고깃국을 먹으러 가자고 하셨습니다. 어머니는 한평생 중이염을 앓아 고기만 드시면 귀에서 고름이 나오곤 했습니다. 그런 어머니가 나를 위해 고깃국을 먹으러 가자고 하시는 마음을 읽자 어머니 이마의 주름살이 더 깊게 보였습니다. 설렁탕집에 들어가 물수건으로 이마에 흐르는 땀을 닦았습니다.

"더울 때일수록 고기를 먹어야 더위를 안 먹는다. 고기를 먹어야 하는데… 고깃국물이라도 되게 먹어둬라."

설렁탕에 다대기를 풀어 한 댓 숟가락 국물을 떠먹었을 때였습니다. 어머니가 주인아저씨를 불렀습니다. 주인아저씨는 뭐 잘못된 게 있나 싶었던지 고개를 앞으로 빼고 의아해 하며 다가왔습니다. 어머니는 설렁탕에 소금을 너무 많이 풀어 짜서 그런다며 국물을 더 달라고 했습니다. 주인아저씨는 흔쾌히 국물을 더 갖다 주었습니다. 어머니는 주인아저씨가 안 보고 있다 싶어지자 내 투가리에 국물을 부어주셨습니다. 나는 당황하여 주인아저씨를 흘금거리며 국물을 더 받았습니다. 주인아저씨는 넌지시 우리 모자의 행동을 보고 애써 시선을 외면해주는 게 역력했습니다. 나는 그만 국물을 따르시라고 내 투가리로 어머니 투가리를 툭, 부딪쳤습니다. 순간 투가리가 부딪치며 내는 소리가 왜 그렇게 서럽게 들리던지 나는 울컥 치받치는 감정을 억제하려고 설렁탕에 만 밥과 깍두기를 마구 씹어댔습니다. 그러자 주인아저씨는 우리 모자가 미안한 마음 안 느끼게 조심, 다가와 성냥갑만한 깍두기 한 접시를 놓고 돌아서는 거였습니다. 일순, 나는 참고 있던 눈물을 찔끔 흘리고 말았습니다. 나는 얼른 이마에 흐른 땀을 훔쳐내려 눈물을 땀인 양 만들어놓고 나서, 아주 천천히 물수건으로 눈동자에서 난 땀을 씻어냈습니다. 그러면서 속으로 중얼거렸습니다. "눈물은 왜 짠가."

시인 함민복에게 어머니는 가난했지만 국물에도 사랑을 담아줄 줄 아는 분이었습니다. 그 사랑 때문에 시인은 소금처럼 짠 농도 짙은 사랑을 느꼈습니다. 아들을 위해 거짓으로 더 받은 국물을 아들 투가리에 부어주었던 어머니였습니다. 자기 투가리에 담긴 어머니의 짜디짠 사랑을 들이키곤 소금기 가득한 짠한 눈물이 눈동자에서 땀으로 나오게 된 것이라고, 그래서 '눈물이 짜다' 말한 것입니다.

  이렇게 시인 함민복의 글이 서정적이고 밝은 파스텔 톤 분위기라면 이와 대조되어 비교되어지는 시가 있습니다. 기형도의 첫 시집이자 마지막 유고 시집이 되어버린 잎 속의 검은 입에 실린 시들입니다. 그의 시는 암울하기 그지없습니다. 시집의 제목처럼 검고 깊은 안개 속을 헤매는 것 같은 이유를 생각해 보았는데, 그때 제 눈을 사로잡았던 시는 그의 시집 맨 마지막에 있는 '엄마 걱정'이었습니다.

> 열무 삼십 단을 이고
> 시장에 간 우리 엄마
> 안 오시네, 해는 시든 지 오래
> 나는 찬밥처럼 방에 담겨
> 아무리 천천히 숙제를 해도
> 엄마 안 오시네, 배춧잎 같은 발소리 타박타박
> 안 들리네, 어둡고 무서워
> 금간 창 틈으로 고요히 빗소리
> 빈방에 혼자 엎드려 훌쩍거리던
>
> 아주 먼 옛날
> 지금도 내 눈시울을 뜨겁게 하는

그 시절, 내 유년의 윗목

이 시에서 느껴지는 두 가지 가슴 아픈 상징은 '찬밥'과 '윗목' 입니다. 자신의 어린 시절이 딱딱하게 굳어버린 '찬밥' 같았다는 말이며, 그런 자신의 유년이 냉기 가득하여 싸늘한 '윗목' 같았다는 말입니다.

'윗목' 하면 무엇을 떠 올리시는지요? 저는 기나긴 겨울밤 간단히 볼 일 보라고 윗목에 놓여 있었던 '요강' 생각이 납니다. 한 방에 옹기종기 모여 온 가족이 구들장 뜨거운 아랫목에 발 모아놓고 자다보면 몸부림에 그랬는지, 떠밀려 그랬는지, 윗목으로 굴러가 오돌오돌 떨다 아랫목으로 들어가려 안달일 때가 많았던 기억이 납니다. 하지만 더 비참한건 그렇게 윗목을 잠결에 배회하다 오물 그득한 요강을 툭 치는 일이 생길 때입니다. 그러면 온 집에 비상이 걸립니다. 농담이긴 합니다만, 은혜만 차고 넘치는 게 아니라 요강도 가끔은 차고 넘칠 때가 있습니다. 왕왕 이런 일이 생기면, 한밤에 발가벗겨 야단맞고 매 맞고 서럽게 울다 잠이 들곤 하였습니다. 그게 윗목입니다. 하지만 자기 어린 시절을 "윗목"이라 말하는 시인의 어린 시절은 그리 아름다운 게 아닌 것 같습니다.

기형도의 어린 시절은 시장에 간 엄마를 기다리며 만들어진 윗목이었습니다. 물론 어머니야 하실 말씀이 절절하실 것입니다. "열무 삼십 단 이고지고 시장에 가지 않으면 우리 가족 누가 먹여 살리느냐?"고 항변하실 수 있습니다. 그렇습니다. 삶이 녹록치 않아 그 무게를 견디고 이겨내려 노력한 어머니의 삶을 싸잡아 비난할 수 없습니다. 하지만 어린 기형도에게 어머니 없는 방안은 차고 어둡고 가슴 시린 공간이었습니다. 그 공간에서 찬밥처럼 방에 담겨 따뜻한 엄마를 소망하며 지냈던 것입니다. 그래서인지는 모르겠으나 그는 꽃다운 서른의 나이에 심장마비로 세상을 등지고 말았습니다.

두 시인이 만난 어머니는 모두 가난하였습니다. 하지만 두 아이에겐 전혀 다른 세상이었습니다. 가난했다는 상황은 그다지 중요하지 않은 것 같습니다. 적어도 사람과 사람 사이에서 주고받는 가슴 따뜻한 정을 만들어 가기에는 말입니다. 이렇듯 우리는 누군가를 만나며 저마다 관계를 형성해 갑니다. 비슷한 상황과 처지의 어머니를 만나도 다른 세상을 만들며 살아갑니다. 어머니의 태도가 다르며 어머니가 바라본 세상이 달라서입니다. 그래서 저마다의 이야기가 시작됩니다. 독특한 자신만의 이야기 말입니다. 어머니뿐 아니라 때로는 아버지와 때로는 형제들과, 내가 살며 만나는 모든 사람들과 관계를 만들며 독특한 나만의 이야기를 만들어 갑니다.

독특한 나만의 이야기가 갖는 색깔 때문에 우리는 개성(Personality)을 갖게 됩니다. 유전적 형질의 측면에서 개성을 말할 수도 있겠으나 개성은 보다 후천적 의미가 강하게 묻어 있는 단어입니다. 흔히 "개성은 만들어지는 것"이라고 말하는 이유입니다. 개성을 다른 말로는 개별성

(individuality)이라고 합니다. 즉 개인(Individual)이 되었다는 말입니다. 또한 개인이 되어가는 과정을 개별화(individualization)라고 하며, 칼 융(C. G. Jung)의 표현대로 개성화(individuation)라고도 이야기합니다.

관계 속에서 우리는 자신만의 이야기를 만들어 갑니다. 자신만의 이야기 때문에 우리는 개성을 갖게 되고 개성은 우리를 우리답게 만들어 줍니다. '우리답다'는 것은 개별화 과정 속에서 개별성을 갖게 되었으며 그래서 개인이 된다는 의미입니다. 결국 자신의 이야기를 통해 자기 자신이 되었다는 말입니다. 그래서 자기의 이야기는 소중합니다. 상처 입은 이야기이건, 가슴 아픈 이야기이건 간에, 나만의 이야기이며, 나만의 이야기이기에 나답게 된 것입니다.

나다운 나만의 이야기를 내가 사랑할 수 있어야 합니다. 슬픈 이야기일지라도, 암울하게 보이는 이야기일지라도, 나의 이야기를 소중하게 여겨야 합니다. 이를 악물고라도 소중하게 여겨야 합니다. 하나님과 나 말고는 그 누구도 나의 이야기를 진정으로 사랑해 줄 이가 없다는 절박함 때문에라도 나는 나의 이야기를 사랑해야 합니다.

아름다움 둘_2

자기 사랑에 대한 에세이

자신만의 이야기로 빚어진 개성(Personality)과 개별성(Individuality)을 귀하게 여긴다면 참 좋겠습니다. 이것을 일컬어 '자기사랑'이라고 말합니다. 장점과 단점, 강점과 약점, 즐거운 경험과 불행했던 경험 모두가 어우러져 만들어진 나다운 나만의 이야기를 사랑하는 것이 '자기사랑'입니다. 모나고 삐뚤어진 자신은 나 몰라라 하며, 아니 좀 더 정확히 말하자면 자기가 아니라며 머리를 흔들고 부정하는, 자신의 장점만을 사랑하겠다는 나르시시즘(Narcissism)은 자기사랑이 아닙니다. 또한 패배적이고 냉소적으로 자신의 약점을 감추기 위해 탐욕과 기만을 야기하는 이기심(Selfishness)과도 다릅니다. 자기사랑은 자신의 전 존재를 사랑하는 것입니다. 나약한 육체, 삐뚤어진 마음까지도 말입니다. 그리고 자신을 인정하는 것입니다. 자신의 약점도, 지워버리고 싶은 기억도 인정하는 것입니다. 자기 자신을 있는 그대로 수용하는 것입니다. 이것이 자기사랑입니다.

성경 마태복음 22장 34-40절에 보면 예수님께서 율법과 계명을 두 계명으로 압축하는 이야기가 실려 있습니다.

> 예수께서 이르시되 네 마음을 다하고 목숨을 다하고 뜻을 다하여 주 너의 하나님을 사랑하라 하셨으니 이것이 크고 첫째 되는 계명이요 둘째도 그와 같으니 네 이웃을 네 자신 같이 사랑하라 하셨으니
>
> (마 22:37~39)

이 두 계명엔 세 가지 사랑이 등장합니다. 하나님 사랑과 이웃 사랑, 그리고 "네 자신 같이"가 말하는 자기 사랑입니다. 예수님의 두 계명을 듣노라면 첫째 계명은 문제없어 보입니다. 적어도 신앙인이라면 당연히 그래야 한다고 믿으니 말입니다. 그런데 문제는 이웃을 자기처럼 사랑하라는 말씀입니다. 어떻게 해야 나처럼 그를 사랑할 수 있을까요? 이때 우리는 자기도취나 이기심으로 자신만을 챙겨온 왜곡된 사랑을 떠올리게 됩니다. 그래서 그를 사랑할 자신이 생겨나지 않는 것입니다. 그렇게 사랑할 자신이 없기 때문입니다.

자기 사랑(Love yourself)은 앞서 언급한 대로 첫째, 자기를 발견(Self-

Confronting)하는 것이며, 둘째, 자기를 용납(Self-Accepting)하는 것이며, 셋째, 자기를 개발(Self-Developing)하는 것입니다. 그러므로 이웃을 내 몸과 같이 사랑하려면 먼저 그가 자신을 발견할 수 있도록 이끌어 주어야 합니다. 느닷없이, 꼬집어서, 비아냥거리는 투로 그가 자신을 만나도록 창피를 주는 것이 아니라, 자신의 실존적 현실을 스스로 이해하고 느낄 수 있도록, 보다 깊이 스스로를 탐색할 수 있는 공간을 마련해 주는 것입니다. 물론 이 공간은 사랑으로 형성되어야 합니다. 그를 향한 나의 절절한 사랑을 그가 느낄 수 있는 공간이어야 합니다. 자신의 체면이 손상되었다고 기분 나빠하는 공간이 아니라 자신을 들여다 볼 소중한 공간을 갖게 되었다는 기쁨에 감격할, 그런 공간을 마련해 주는 것입니다. 이 공간은 그와 나의 진실한 관계에서 형성되는 공간입니다.

영국의 어린이 심리학자인 도널드 위니캇(Donald Wood Winnicott)은 이 공간을 중간지대(Transitional Space)라고 불렀습니다. 이것은 주로 아이와 아이를 양육하는 대상 사이에서 형성되는 공간을 의미합니다. 이 공간은 아이에게 참으로 중요합니다. 이곳에서 아이는 자신을 양육하는 대상과의 상호관계 속에서, 문화를 배우고 삶을 배우며 인격을 다듬고 예절과 도덕, 사람으로서 지녀야 할 모든 것을 배우기 때문입니다. 그렇다면, 이 공간을 어떻게 형성할 수 있을까요? 위니캇은 이 공간을 형성하려면 아이를 만나는 대상에게 어떤 특성이 있어야 한다고 말합니다.

그 특성을 그는 '충분히 좋은(good enough)'이라고 표현했습니다. '충분히 좋다'는 말이 주는 뉘앙스 때문에 슈퍼맨이나 원더우먼같이 '대단히 좋은' 대상을 떠올릴지도 모르지만 위니캇이 말하는 '충분히 좋은'의 개념은 대략 세 가지 특성만 유지하면 이루어지는 개념입니다.

첫째는 인내심입니다. 아이들이 자기들의 대상인 엄마를 못살게 굴더라도 엄마는 인내해야 합니다. 때로 엄마가 지닌 인내의 한계가 어디까지인지 아이가 시험하려 들어도 엄마는 다른 사람들보다 조금 더 인내할 수 있어야 합니다. 그래야 아이가 엄마라는 대상과 함께 놀이의 공간인 '중간지대'를 형성하기 때문입니다. 엄마가 지닌 인내심 때문에 아이는 엄마에 대한 신뢰를 형성합니다. 세상이 자신을 버리고 속일지라도 엄마만큼은 나를 버리고 속이지 않을 것이라는 신뢰를 형성하게 되는 것입니다.

둘째는 안정성입니다. 특별히 이 안정성은 아이에게 하나의 놀이터를 제공합니다. 무슨 말인지 궁금하시죠? 먼저 질문 하나를 드리겠습니다. "아이들의 놀이터는 어디이며 놀이터의 한계는 어디까지 일까요?"

이에 대해 곰곰이 생각해 보셨습니까? 아이들의 놀이터를 아파트 내 놀이터나, 근린공원, 학교 운동장 이런 장소의 개념으로 이해하기보다 심리적인 측면으로 이해할 필요가 있습니다. 아이들의 놀이터는 바로 '엄마가 있는 곳'입니다. 즉 아이들의 놀이터의 한계는 "엄마가 보이는 곳까지"입니다. 엄마가 보이면 아이들은 놉니다. 아이 눈에 엄마가 보이지 않아도 놀게 되었다는 것은 아이가 그만큼 자라났다는 말입니다. 그러나 엄마가 보이지 않는 곳에서 노는 아이들도 반드시 엄마의 존재를 확인하려 할 것입니다. 자신이 생각하는 두려움의 시간이 다가오면 말입니다. 만약 엄마가 그 자리에 그대로 있다면 아이는 또 놉니다. 그땐 좀 더 먼 곳까지 자신의 놀이터를 넓혀 나갑니다. 이렇게 놀이터가 넓어지면 아이는 학교에도 다닐 수 있습니다. 수학여행을 갈 수도 있고, 공부를 위해 멀리 유학을 갈 수도 있습니다.

하지만 놀다가 잠시 엄마의 존재를 확인하러 왔는데 엄마가 사라졌다면 아이는 어떻게 될까요? 당연히 놀 수가 없습니다. 그때부터 아이는 엄마를 찾아 헤매는 것 이외에는 아무것도 할 수가 없습니다. 만약 이런 경험을 자주 한 아이가 있다면 그 아이는 놀아도 제대로 놀지 못합니다. 자꾸만 엄마의 위치를 확인하려 하기 때문입니다. 아이의 놀이터가 축소되는 것은 당연하겠죠? 바로 이런 점 때문에 위니캇은 엄마라는 대상에게 안정성이 있어야 한다고 말합니다. 사실 한 나라의 국민을 아이라고 생각할 때, 국민과 관계를 형성하는 대상인 지도자에게도 이런 안정성은 필수입니다. 안정성이 없는 지도자를 만나면 백성은 불안합니다. 한마디로 놀 수 없는 것입니다. 놀이로서 경제 활동도, 문화 활동도, 학술 활동도 아무것도 할 수 없게 됩니다.

셋째로 위니캇은 인내도 안정도 진실한 사랑의 바탕 위에 이루어져야 한다고 강변합니다. 아이에 대한 절절한 마음 말입니다. 이것은 아이가 다치지 않을까, 행여 속앓이를 하진 않을까, 애타는 마음입니다. 내 것을 다 내 놓고라도 사랑하고픈 마음입니다. 이와 같이 진실한 사랑의 기초 위에 인내와 안정을 지닌 대상을 위니캇은 '충분히 좋은' 대상이라고 불렀습니다. 이 대상과의 관계 속에서 아이는 중간지대를 형성하고 이 중간 지대를 통해 앞서 말한 대로 문화도, 삶도 배우게 됩니다. 단순히 엄마가 갖고 있는 삶의 태도나 방식의 전부를 흡수하는 식의 배움이 아니라 아이 나름의 삶과 태도로 변형시켜 배우게 됩니다. 이것을 일컬어 '창조적 변형'이라고 부릅니다. 그래서 충분히 좋은 대상을 만난 아이들이 창조적인 역동성을 갖게 되는 것은 당연한 일입니다.

그러나 한 가지 기억해야 하는 것은 위니캇이 말한 '충분히 좋은 엄마'는 바로 '평범한 엄마'를 일컫는다는 것입니다. 개인적으로 '충분히 좋은'이란 번역이 달갑지 않은 이유입니다. 그래서 저는 'Good-enough'를 '적당한'으로 번역하고, 'Good-enough mothering'을 '적당한 엄마 되기'라고 말합니다. '적당하다'는 말이 때론 '대충하라'는 의미로 이해되어 자신의 책임과 의무를 쉽게 포기하라는 말처럼 들릴지도 모르지만, 적당하다는 말은 넘치지 말라는 유익한 말입니다. 과유불급(過猶不及)이라 했습니다. 모자람도 넘치는 것도 아닌 적당함을 유지한다는 뜻입니다. 사람과의 관계에서 이것을 잊지 않아야 합니다. 대충 만나고 관계하라는 말이 아니라 절절히 만나고 진실 되게 만나지만 집착하지 않는 그런 성숙한 관계 맺음을 기억해야 합니다.

이 적당함은 엄마라는 대상에게 쉼과 휴식을 제공하기도 합니다. 아이를 위해 희생하듯 사랑해야 하지만 때론 그 사랑하는 아이를 내버려 둘 때도 있어야 합니다. 그래야 엄마가 쉴 수 있기 때문입니다. 아이도 마찬가지입니다. 적당한 엄마가 필요합니다. 그래야 숨을 쉴 수 있기 때문입니다. 아이를 끌어안고 치마폭에 싸두려고만 하면 아이는 숨쉬기가 여간 힘든 게 아닙니다. 그래서 늘 반항하고 도망가려고만 하는 것입니다. '적당한 엄마', '적당한 아빠', '적당한 우리'가 되면 좋겠습니다. 그러면 우리 주변의 세상은 우리 덕에 놀 수 있을 것입니다.

자기사랑의 한 측면인 '자기 발견'을 말하다 이야기가 조금 멀리 왔지만, 다시 말해 그에게 자신을 발견할 공간을 마련해 준다는 것은 위니캇의 표현대로 그와 나 사이에 중간지대를 형성하는 것입니다. 그렇게 되면 그는 자기 자신과의 놀이를 시작할 것입니다. 이것을 '직면'이라고 말합니다. 놀 듯 하는 자기직면은 '창조적 변형'으로 자기 스스로를 경험하게 만들어 줄 것입니다. 앞서 말한 공간이 지닌 힘 때문입니다. 사랑에 기초한 인내와 안정으로 그득한 공간이 지닌 변형적 힘(Transformational power)때문입니다. 자신에 대한 창조적 변형의 경험은 곧 자기를 인정하게 되는 계기가 됩니다. 자연스럽게 그는 자신을 넉넉히 수용하게 될 것입니다. 비록 자신의 모습이 초라해 보일지라도 말입니다.

그렇다면 자기처럼 이웃을 사랑하라는 예수님의 말씀을 이렇게 이해할 수 있습니다. 내가 나를 발견했던 것처럼, 그가 자신을 발견할 수 있도록 이끌어 주는 것입니다. 그에게 그런 공간을 만들어 주는 것입니다. 그것이 나처럼 그를 사랑하는 방법입니다. 예수님께서도 이렇게 사랑하셨습니다. 제자들을 절대 놀 수 없는 율법의 노예가 아니라, 하나님 나라의 귀한 존재로 마음껏 놀게 하셨습니다. 절절하되 '적당한' 예수님의 사랑이 깃든 인내와 안정감으로 제자들은 자기를 발견할 수 있었던 것입니다.

이렇게 자기를 발견하게 되면 놀라운 일이 일어납니다. 이 놀라운 일을 '용납'이라고 말합니다. 용납은 자포자기하듯 스스로를 비판하는 것이 아닙니다. 용납은 일종의 '계발'(enlightenment)입니다. 'Enlightenment'란 단어가 말해주듯 빛(Light)이 안으로(En-) 들어온 상태를 말합니다. 전에는 어둠이었는데 빛이 들어와 나를 밝힙니다. 구석구석을 비추어 줍니다. '이런 모습이었구나!' 하고 자신의 참 모습을 발견하는 것입니다. 단점 투성이인 자신을 발견하고 그 모습이 자신이라는 것을 받아들이는 것입니다. 이것이 바로 회개의 순간입니다. 내가 바로 죄인이라고 인정하는 순간입니다. 이것은 때로 가슴 아픈 일처럼 여겨지기도 합니다. 그래서 가슴을 치며 눈물을 흘리는 것입니다. 하지만 거기서 끝이 아닙니다.

자신을 용납하게 되면 개발(開發, Development)의 단계로 들어가게 됩니다. 이것은 "어떻게 할까?"를 묻는 단계입니다. 예수님을 만난 사람들, 제자들의 설교를 들은 사람들은 모두 "어찌 할꼬?"(사도행전 2:37) 하며 용납되어진 자신을 어디로 이끌어야 하는지 궁금해 했습니다. "아하! 이것을 사용하면 좋겠구나! 이렇게 활용하면 되겠구나!"하고 각양의 아이디어로 자신을 개발합니다. 이것을 '갈고 닦는다'의 의미로 이해합니다. 녹슨 과도를 반짝반짝 빛나는 새 칼처럼 윤기 나게 만드는 것처럼 자신을 개발하는 것입니다. 누군가를 사랑한다는 것은 바로 이런 것입니다. 그에게 자신을 발견하고, 용납하고, 개발할 수 있도록 이끌어 주는 것입니다. 예수님도 제자들을 그렇게 사랑하셨습니다. 다른 사람들이 별것 아니라고 여긴 제자들을 귀하다 여겨주셨던 사랑이 있었기에, 제자들은 스스로를 발견할 수 있었고 자기를 용납한 후 자신의 가치를 개발할 수 있었습니다. 이 모든 자기사랑의 함축적 모습이 바로 제자들이 경험한 오순절 성령강림의 사건이었습니다. 성령님은 깨닫게 하는 하나님의 영입니다. 제자들은 성령님의 감동케 하심으로 자신을 발견했고, 스스로 죄인임을 용납하게 되었습니다. 더 나아가 성령님의 변형적 힘에 의해 감동적으로 변형을 경험하였습니다. 그래서 예수님의 제자답게 아름다운 삶을 살아가게 된 것입니다(사도행전 2:43-47).

이야기를 조금 더 확장시켜 볼까요? 자기를 사랑하게 되면 비로소 '공동체'가 '공동체' 다워집니다. 왜냐하면 자기 사랑으로 인한 개체성(Individuality)이 보호되기 때문입니다. 개체성은 개인(Individual)이 지닌 하나의 독특한 자기 인식으로, 이것이 보호된다는 것은 그만큼 개인이 존중받고 있다는 말입니다. 더불어 존중받게 된 개인의 자존감이 높아져 자기의 색깔과 향기를 마음껏 드러내며 살아가고 있다는 말이기도 합니다. 자신의 색채가 유감없이 발휘된다는 것은 살맛나는 세상이며 진정한 공동체입니다. 그러므로 개체성은 공동체를 공동체답게 만드는 중요한 요소입니다.

개체성은 개인주의(Individualism)의 발판이 되기도 합니다. 조금 당황스러울 것입니다. 많은 사람들이 공동체를 해치는 최대의 적이 개인주의라고 생각하기 때문입니다. 앞서 밝힌 대로 개인주의는 자기사랑을 경험한 사람들이 갖게 되는 의식체계입니다. 그런 점에서 개인주의를 갖게 되었다는 이야기는 자기를 발견, 용납, 개발하게 되었다는 의미입니다. 달리 표현하면, 자신의 가치를 발견하고, 자신이 무엇을 잘 하는지, 또 무엇을 잘 못하는지 분명히 알게 되었다는 말입니다. 때문에 자신이 가장 잘하는 것을, 가장 잘 발휘할 수 있는 곳에서 최선을 다해 자신의 색채를 드러내며 살아갑니다. 이런 사람들이 바람직한 공동체를 형성하는 것은 지극히 당연한 것입니다.

공동체의 특성을 좀 더 분명히 하기 위해 공동체와 비슷한 또 다른 집단을 소개하겠습니다. 그것은 '군중'입니다. 공동체와 군중은 다릅니다. 집단을 구성하는 구성원들의 색채와 향기가 드러나는가, 그렇지 않은가의 차이입니다. 군중엔 군중을 지배하는 군중 논리만이 존재합니다. 그래서 개인의 의견은 철저히 묵살됩니다. '우~' 하고 몰려가서 '우~' 하고 몰려옵니다. 어디로 가는지, 어디로 향하는지 군중 속에 있는 사람들은 잘 모릅니다. 그저 사람들이 달려가기에 자기도 따라가는 것입니다. 누군가 자신의 의견을 말하면 군중을 위해 자신의 의견을 버리든지 아니면 떠나가라고 강요당합니다. 하지만 공동체는 다릅니다. 공동체를 이루는 각양의 색채가 있습니다. 그것이 조화를 이루어 하나의 집단을 형성합니다.

공동체를 다르게 표현하면 '모두 연결된 다양한 톱니'라고도 말할 수 있습니다. 작은 톱니, 큰 톱니, 중간 톱니가 다양한 곳에서 다양한 역할을 감당합니다. 물론 큰 톱니가 한 바퀴 돌 때 작은 톱니는 여러 바퀴를 돕니다. 하지만 작은 톱니도 자신에게 어울리는 일을 합니다. 작은 톱니가 돌지 않으면 큰 톱니도 중간 톱니도 돌지 못하기 때문입니다. 아무리 작은 톱니라도 하나가 망가져 돌지 못하면 그것과 연결된 모든 톱니가 돌지 못합니다. 이것이 공동체입니다. 하나의 아픔이 전체의 아픔이 되고, 하나의 수고가 전체의 수고가 되는 집단 말입니다. 흔히 교회를 일컬어 공동체라고 이야기합니다. 몰려다니듯 연일 예배에 참석합니다. 몰려다니듯 신앙생활을 합니다. 하지만 옆에서 누가 아파하는지, 누가 한숨 쉬는지, 누가 눈물 흘리는지, 거들떠보지 않습니다. 사람이 아픈데도, 죽어 가는데도 거들떠보지 않습니다. 이런 모임을 공동체라 말할 수 있을까요? 그것은 공동체가 아닌 군중입니다. 자신의 색깔도, 향기도 불분명한, 그래서 무엇을 해야 할지도 모르는 그런 애매모호한 집단입니다. 이렇게 생각하면 개체성이 개인주의의 발판이 되고 개체성을 수호하자는 이념, 즉 개인주의가 공동체를 형성한다는 말은 틀린 말이 아닙니다.

그러면, 왜 사람들이 공동체의 최대의 적을 개인주의라고 말하는 것일까요? 개체성의 수호이념인 개인주의가 삐뚤어지거나 미숙해서 발생한 자기도취(Narcissism)나 이기주의(Selfishness) 때문입니다. 그것 때문에 공동체가 많이 아파했기 때문입니다. 하지만 성숙한 개인주의는 건강한 공동체를 형성합니다. 오히려 공동체를 굳건하게 만들어 갑니다.

아름다움 둘_3

숨겨진 보물을 찾아서

시인 도종환의 산문집, 사람은 누구나 꽃이다에서 '모두가 장미일 필요는 없다'는 그의 생각을 잠시 소개하겠습니다.

장미꽃은 누가 뭐래도 아름답다. 붉고 매끄러운 장미의 살결, 은은하게 적셔오는 달디 단 향기, 겉 꽃잎과 속 꽃잎이 서로 겹치면서 만들어내는 매혹적인 자태, 여왕의 직위를 붙여도 정말 손색이 없는 꽃이다. 가장 많이 사랑 받는 꽃이면서도 제 스스로 지키는 기품이 있다. 그러나 모든 꽃이 장미일 필요는 없다. 모든 꽃이 장미처럼 되려고 애를 쓰거나 장미처럼 생기지 않았다고 실망해서도 안 된다. 나는 내 빛깔과 향기와 내 모습에 어울리는 아름다움을 가꾸는 일이 더 중요하다. 어차피 나는 장미로 태어나지 않고 코스모스로 태어난 것이다. 그러면 내 가녀린 꽃대에 어울리는 소박한 아름다움을 장점으로 만드는 일이 더 중요하다. … 어찌하여 장미는 해마다 수없이 많은 꽃을 피우는데 나는 몇 해가 지나야 겨우 한 번 꽃을 피울까 말까하는 난초로 태어났을까 하고 자책할 필요가 없다. … 장미는 아름답다. 그 옆에 서 보고 싶고, 그 옆에 서서 장미 때문에 나도 더 황홀해지고 싶다. 너무 아름답기 때문에 시기심도 생기고 그가 장미처럼 태어났다는 걸 생각하면 은근히 질투도 난다. 그러나 모든 사람이 장미일 필요는 없다. 나는 나대로, 내 사랑하는 사람은 그 사람대로 산국화이어도 좋고 나리꽃이어도 좋은 것이다. 아니, 달맞이꽃이면 또 어떤가.

시인 도종환은 누구나 저마다의 아름다움이 있고 그 아름다움을 장점으로 만드는 일이 중요하다고 말합니다. 이런 생각은 성경이 말하고자 하는 정신과 잇대어 있습니다. 성경은 하나님께서 인간을 만드셨다고 말합니다. 그냥 저냥 대충 만드신 것이 아니라 자신의 형상처럼 만드셨습니다. 만드신 후에는 창조된 사람이 대단히 좋고 아름다워 '심히' 좋아하셨습니다(창세기 1:31).

하지만 하나님의 형상대로 창조된 아름다운 사람들은 저 좋은 대로 행동할 때가 많았습니다. 제멋대로 살다보니 하나님을 떠나 그릇 될 때가 많았고 성경은 이를 '죄를 짓게 되었다'라고 표현했습니다. 이러한 사람들의 죄 때문에 예수님께서 오셨습니다. 예수님께서 오셨다는 것은 사람들에게 또 다른 기회가 생겼다는 말입니다. 단절된 하나님과의 관계를 회복하기 위한 기회 말입니다. 그래서 예수님은 기회가 있을 때마다 천국에 대해 말씀하시는 것을 좋아하셨습니다. 그 중 '달란트 비유'는 다음과 같습니다.

또 어떤 사람이 타국에 갈 때 그 종들을 불러 자기 소유를 맡김과 같으니 각각 그 재능대로 한 사람에게는 금 다섯 달란트를, 한 사람에게는 두 달란트를, 한 사람에게는 한 달란트를 주고 떠났더니 다섯 달란트 받은 자는 바로 가서 그것으로 장사하여 또 다섯 달란트를 남기고 두 달란트 받은 자도 그같이 하여 또 두 달란트를 남겼으되 한 달란트 받은 자는 가서 땅을 파고 그 주인의 돈을 감추어 두었더니 오랜 후에 그 종들의 주인이 돌아와 그들과 결산할새 다섯 달란트 받았던 자는 다섯 달란트를 더 가지고 와서 이르되 주인이여 내게 다섯 달란트를 주셨는데 보소서 내가 또 다섯 달란트를 남겼나이다 그 주인이 이르되 잘하였도다 착하고 충성된 종아 네가 적은 일에 충성하였으매 내가 많은 것을 네게 맡기리니 네 주인의 즐거움에 참여할지어다 하고 두 달란트 받았던 자도 와서 이르되 주인이여 내게 두 달란트를 주셨는데 보소서 내가 또 두 달란트를 남겼나이다 그 주인이 이르되 잘하였도다 착하고 충성된 종아 네가 적은 일에

충성하였으매 내가 많은 것을 네게 맡기리니 네 주인의 즐거움에 참
여할지어다 하고 한 달란트 받았던 자는 와서 이르되 주인이여 당신
은 굳은 사람이라 심지 않은 데서 거두고 헤치지 않은 데서 모으는
줄을 내가 알았으므로 두려워하여 나가서 당신의 달란트를 땅에 감
추어 두었나이다 보소서 당신의 것을 가지셨나이다 그 주인이 대
답하여 이르되 악하고 게으른 종아 나는 심지 않은 데서 거두고 헤
치지 않은 데서 모으는 줄로 네가 알았으냐 그러면 네가 마땅히 내
돈을 취리하는 자들에게나 맡겼다가 내가 돌아와서 내 원금과 이자
를 받게 하였을 것이니라 하고 (마 25:14-27)

비유에는 어떤 사람이 다섯 달란트를, 또 어떤 사람은 두 달란트를, 마지막 한 사람은 한 달란트를 받았다고 말합니다. 달란트는 당시 유대인의 화폐단위로 남성 일꾼의 하루 품삯인 1데나리온의 6000배, 즉 6000데나리온에 이르는 큰 돈이었습니다. 이처럼 한 달란트 역시 큰 금액이었으나 다섯 달란트를 받은 사람과 비교하면 한 달란트를 받은 것이 다소 수치스럽게 느껴졌을 수도 있습니다.

앞서 말한, 도종환 시인의 표현처럼 그가 장미로 태어났다는 것을 생각하면 은근히 질투가 나는 법입니다. 그가 나보다 두 배 혹은 다섯 배를 더 갖고 태어났다는 것을 생각하면 화가 날 일입니다. 그러나 예수님의 비유는 누가 얼마를 받았느냐 하는 데 그 의미가 있지 않습니다. 오

히려 이 달란트 비유가 전해주는 핵심 의미는 "활용"에 있습니다. 누가 얼마를 받았는가는 중요한 것이 아닙니다. 받은 것이 상대적으로 적다 할지라도 그것을 활용하였는가, 하지 않았는가가 더 중요하다는 말입니다. 그래서 한 달란트 받은 사람에게 "차라리 은행에라도 맡겨 두었으면 이자라도 받을 것 아니었는가?"라고 말씀하신 것입니다.

자신이 가지고 있는 것을 하찮게 여기거나, 가진 것의 가치와 활용법에 대해 무지하다면 우리는 큰 실수를 하고 있는 것입니다. 그래서 내가 갖고 있는 것에 대해 소중히 여기는 인식이 중요합니다. 내가 살아온 삶이 걸레같이 여겨질지라도 말입니다.

아이들과 함께 블록 쌓는 장난감을 갖고 놀다 보면 그들의 노는 모습에 가끔 감탄하곤 합니다. 얼기설기 조잡하기 짝이 없는 것 하나를 만들고도 아주 재미나게 놀기 때문입니다.

"아빠, 이건 비행긴데요, 이 비행기에는 특이한 게 있어요."

"뭔데?"

"(블록조각 위에) 사람이 있잖아요? 그런데 비행기보다 사람이 커요. 우하하!"

가만 보니 긴 블록조각 위에 큰 레고 인형 하나를 덩그러니 올려놓고 말을 이어갑니다.

"그런데 신기한 건 비행기가 정말 빠르다는 거예요. 보세요. 피융~"

"그게 뭐야!"

별것 아니라는 듯 시큰둥한 저의 대답에도 불구하고 아이는 자지러집니다.

"우하하! 보세요. 되게 재미있어요. 이렇게 날고 또 이렇게도 가고… 아빠, 이것 좀 보세요."

고사리 같은 두 손으로 아빠 얼굴을 잡고는 자기가 만든 엄청난 작품을 보라고 말하는 아이의 얼굴이 얼마나 진지하던지, 문득 어린 시절이 생각났습니다. 기나긴 방학이 끝나고 학교로 삼삼오오 아이들이 모여들던 때, 그때가 되면 아이들 손에 어김없이 들려 있던 게 있었습니다. 바로 '공작물'입니다. '방학생활' 과제로 아이들이 만들었던 방패연, 성냥개비와 이쑤시개, 하드막대로 만든 집, 마분지와 색종이로 만든 여러 가지 만들기 등 어른들 눈에는 조잡하기 이를 데 없는 것들이었습니다. 하지만 만든 아이들은 이보다 세상에서 중요한 게 없다는 듯 소중하게 여겼습니다. 누군가 만질라치면 득달같이 손도 못 대게 했습니다. 자신들에겐 지상 최고의 작품이었기 때문입니다.

스스로 만든 것을 갖고 재미나게 노는 제 아이나, 자신의 작품을 누구도 함부로 만지지 못하게 했던 그때 그 아이들이나, 그들의 눈에 펼쳐지는 세상은 참 아름다운 것입니다. 볼품없는 것을 지상 최고의 작품으로 여기기도 하고, 아무것도 아닌 것을 역동적으로 살아 움직이는 것으로 바라본다는 것은 대단한 창조성입니다. 이런 창조적인 눈을 갖고 살아간다는 것은 세상을 아름답게 바라볼 수밖에 없다는 것을 의미하기도 합니다. 모든 것이 살아있고, 모든 것이 의미 있으며, 모든 것이 소중하기 때문입니다.

그래서일까요? "아이는 어른의 스승"이라고 말한 시인 윌리엄 워즈워드(William Wordsworth)의 말에 절로 고개가 끄덕여집니다. 아이들에게 배울 것이 많기 때문입니다. 우리는 아이들이 노는 것을 보며, 자신이 가진 것을 얼마나 소중하게 여겨야 하는지, 자신이 가진 것을 얼마나 재미있게 갖고 놀아야 하는지를 배웁니다.

2003년에 타계하신 판소리 명창 박동진 선생님께서 한 광고에 출연해 소리치신 "우리 것은 소중한 것이여"라는 말은 우리에게 귀중한 통찰을 제공합니다. 많은 사람들이 이야기합니다. 가장 한국적인 것이 가장 세계적인 것이라고. 이것은 곧 가장 나다운 것이 가장 아름답다는 뜻이기도 합니다.

이화여대 명예교수이신 이어령 선생님도 신문 지면을 통해 이와 비슷한 말을 하였습니다. 그의 중요한 논지는 "최고(Best one)가 되려고 하지 말고 단 하나의 자신(Only one)이 되어라"는 것이었습니다. 이 세상은 경쟁 사회로 점철되어 있습니다. 누구나 빨리 가려고 합니다. 그러기 위해 남을 짓밟는 일도 서슴지 않습니다. 모두가 태산이 되어야 한다고 믿습니다.

트리나 폴러스(Trina Paulus)의 꽃들에게 희망을에서 애벌레들이 알 수 없는 목표를 향해 죽도록 기어가 거대한 기둥들을 형성했던 것처럼, 세상은 우리에게 목표를 향해 옆과 뒤, 어디도 쳐다보지 말고 앞만 바라보라고 말합니다. 누구도 나를 함부로 쳐다볼 수 없을 정도로 높이 올라가야 한다고 가르칩니다. 그래서 최고(Best)가 되는 것이야 말로 인생에서 성공한 삶을 사는 것이라고 믿게 만듭니다. 하지만 이어령 교수는 조금 다른 말을 합니다. 그는 그런 무한 경쟁의 사회에서 '하나뿐인 당신(Only one)'이 되라고 말합니다. 하나뿐인 내가 되는 것은 내가 가진 가치와 내가 가진 재능에 대해 '가치 있고 귀중 하구나!' 하는 인식이 있을 때 가능합니다. 더 나아가 그런 인식을 실천할 때 가능합니다. 한 달란트 받은 사람이 자신이 받은 달란트를 귀중하게 여긴 것은 사실입니다. 큰돈이기도 하고 주인이 무섭기도 했으니 아무도 모르는 땅에 숨겨두는 것은 자연스러운 일이었을 겁니다. 하지만 정말 자신이 받았던 달란트를 소중하고 귀중하게 여겼다면 그는 그것을 활용했어야 했습니다.

귀중하다고 가만히 모셔두는 것은 "활동성이 없는" 것들뿐입니다. "보석, 그림, 도자기…" 반면 움직이는 모든 것은 더 잘 움직이도록 갈고 닦아야 합니다. 유동적인 돈이라든지, 소모품인 자동차, 심지어 우리의 몸까지도 움직이는 모든 것은 더욱 잘 움직일 수 있도록 개발시켜야 합니다. 성경의 화폐 단위인 달란트가 재능(Talent)을 가리키는 단어가

된 것을 생각해 보면 의미가 있다 싶습니다. 즉, 우리의 재능도 개발되고 움직일 수 있도록 활용해야 한다는 것입니다. 그것이 정말 우리 자신을 귀중히 여기는 것입니다.

아름다움 둘_4

창조적 시선 : 아름답게 바라보기

　　　　　십 년이 지난 경차를 탈 때였습니다. 아이들은 그 차를 참 좋아했습니다. 이유는 별것이 아닙니다. 막상 타보니 생각보다 차가 크고, 차창에 머리를 대고 소리를 내면 떨리는 차의 진동에 의해 바이브레이션이 생겼기 때문입니다. 그런데 우리 집 큰애는 이 차를 타고 다니는 것을 불편해 했습니다. 목적지에 도착하지도 않았는데, "아빠, 여기 세워주세요. 여기요! 여기!" 하며 세우라고 난리였습니다. 무슨 일인가 싶어 차를 세우면 차문을 급하게 열고 부리나케 달려 나갔습니다. 마치 그 차를 탄 적이 없다는 듯 말입니다. 몇 번을 참았는데, 어느 날, 대로변에 차를 세우고 아이를 불렀습니다. 그리고는 사람들이 오가는 길가에 서서 아이 얼굴을 두 손으로 붙잡고, 아빠 얼굴을 똑바로 바라보라고 말했습니다. 그리고 이렇게 소리쳤습니다.

"찬희야, 아빠를 부끄러워 하지마! 이게 아빠야, 아빠라구!"

이 일이 있고 두 주쯤 지났을 때입니다. 밤늦게 퇴근하고 보니 큰아이가 엄마에게 혼나고 있었습니다. 이것도 인지상정인가요? 아이들이 배우자에게 혼나고 있으면 괜스레 화가 납니다. 방에서 이야기를 들어보니, 수학경시대회 점수를 55점 받았는데 그것을 숨기려고 시험지를 책가방에 꼬깃꼬깃 숨겨 두었던 모양입니다. 그런데 책가방 정리를 하던 중 그것이 툭 떨어졌고 그것을 공교롭게도 엄마가 발견한 것입니다. 점수도 점수지만 그것을 숨기려 했다는 이유로 혼이 나고 있었습니다. 아이를 혼내고 아내가 방으로 들어오자 슬그머니 밖으로 나가 현관 앞에서 울고 서있는 아이에게 밤이 늦었으니 그만 세수하고 자라고 말했습니다. 이부자리를 챙겨준 뒤 나오려다 아이 얼굴을 보는 순간 갑자기 속이 상했습니다. 그래서 이렇게 말했습니다.

"야, 점수가 그게 뭐냐? 한 70점이라도 받아오지. 그럼 엄마가 화 안 낼 것 아냐?"

이 말에 누워 있던 큰애가 벌떡 일어나, 제 얼굴을 두 손으로 붙잡았습니다. 그리곤 이렇게 울며 소리쳤습니다.

"아빠, 이게 저예요. 저를 부끄러워하지 마세요!"

참 당황스러웠습니다. 그리고 미안했습니다. 아빠가 한 대로 똑같이 하는 아이를 보며 저나 아이나 아름답고 사랑스럽게 봐주는 것을 기뻐

한나는 것을 알게 되었습니다. 급히 말을 바꿔 투표를 해도 과반득표가 어려운데 50점은 넘겼으니 그래도 잘했다고, 아빠는 아들이 좋다고, 참 좋다고 말해 주었습니다. 저도 아이도 서로에게 아름답게 보여지길 원한다는 것을 알게 되었습니다.

아름답게 바라보는 것은 녹록치 않은 일입니다. 열병처럼 뜨거워지려는 '조금만 더' 마음을 다스려야 하기 때문입니다. 내 아이, 내 배우자이니까 조금 더 좋은 점수에, 조금 더 좋은 직장에, 조금 더 좋은 위치에 서면 좋겠다는 마음을 갖게 됩니다. 그런 애절한 마음을 탓하고 싶지 않습니다. 하지만 '조금만 더' 마음은 우리 앞에 서 있는 사람의 가치를 쉽게 평가절하합니다. 그것은 눈앞을 흐리게 하기 때문에 사람이 보이지 않습니다. 내 아이, 내 가족, 내 친구와 동료, 내가 살아가는 삶에서 만나는 모두를 가치 있게 바라볼 수는 없을까요? 아니 스스로에 대해선 어떤가요? 자신을 쓸모없다 여기지는 않는지요? 단점이 너무 많아 존재할 필요도 없다고 생각하지 않는지 묻고 싶습니다.

자기개발과 미래학을 주제로 쓴 경영 서적 가운데 한두 권을 꼽으라면 아무래도 유럽 경영대학원의 김위찬, 르네 마보안 교수가 쓴 **블루 오션 전략**Blue Ocean Strategy과 렉서스와 올리브 나무를 집필한 뉴욕 타임즈의 칼럼니스트 토머스 프리드만의 **세계는 평평하다** *The World is Flat*가 아닐까 싶습니다. 김위찬, 르네 마보안 교수가 말하는 '블루 오션'은 흔히 말하는 경쟁사회를 가리키는 바다가 아닙니다. 오히려 그들은 그런 사회를 피비린내 나듯 경쟁해야 한다는 뜻에서 붉은 바다(Red Ocean)라고 불렀습니다. 그들이 말하는 푸른 바다는 각자가 가진 재능이 개발되고 키워져 경쟁할 필요가 없는 세상입니다. 그런 사회가 과연 이 땅에 존재할까, 이 세상에 없는 유토피아(Utopia)를 꿈꾸고 있는 것은 아닐까, 의심이 생길지 모릅니다. 그러나 한 가지 분명한 것은 이 세상이 바로 푸른 바다를 생각하는 사람들에 의해 이루어져 왔다는 것입니다.

블루 오션이 알려지기 전, 우리나라가 월드컵 축제로 들떠 있을 2002년, 스텐포드 경영학 교수인 로버트 서튼(Robert Sutton)은 **역발상의 법칙** *Weird Ideas that Work*이란 자신의 책에서 이 세상을 누가 움직이고 있는지에 대해 자신의 의견을 피력하였습니다. 서튼에 따르면 모든 문명은 엉뚱한 생각(Weird ideas)을 갖고 그것을 실험한 사람들에 의해 이끌려 왔습니다. 다시 말해 자신에게 필요한 것이 무엇인지 생각하고, 자신이 무엇을 할 수 있는지 계획하고, 자신의 재능을 다해 실험적 인생을 산 사람들에 의해 이 세상이 움직여 왔다는 것입니다.

그가 말한 예를 들겠습니다. 모든 사람이 '사람은 하늘을 날 수 없어!'라고 단정했을 때 하늘을 날 수 있다고 생각한 사람들이 있었고, '말과 소가 없이는 마차를 끌 수 없다!'고 단념한 사람들이 있는가 하면 '그럴 수 있을 것이다'라고 엉뚱한 발상을 갖고 연구한 사람들이 있었습니다.

지금이야 비행기, 자동차를 타고 다니는 것이 일상이지만 옛날엔 그게 어디 쉽게 생각할 수 있는 일이었겠습니까? 그래서 서튼 교수는 우리의 생각을 완전히 바꾸어야 한다고 말했습니다. 바로 '역발상' 입니다.

자신의 '역발상' 개념을 설명하기 위해 그는 심리학 용어인 '데자뷰(Deja Vu)'를 이용하였습니다. "데자뷰" 현상은 우리가 어떤 새로운 길을 걷거나, 새로운 사람을 만나거나, 새로운 도시를 여행할 때, 언젠가 와본 것 같고, 한 번 만나본 것 같은 느낌을 갖는 것을 일컫는 심리적 현상을 말합니다. 이것을 지그문트 프로이트(Sigmund Freud)는 알 수 없는 기이하고도 묘한 공포의 경험이라고 말했습니다. 그래서 그는 데자뷰 현상을 독일어로 낯설음, 혹은 무서움을 뜻하는 운하임리히카이트(Unheimlichkeit: Unfamiliarity)라고 불렀습니다. 즉 집(익숙한 곳)에 있지 않은 듯 여겨지는 낯선 경험이라는 뜻입니다.

"저 사람 어디서 본 것 같은데 꿈에서 봤나?"
"어! 이 길 언제 한번 걸어 본 것 같은데?"
"이 도시가 생소하지 않아. 언제 살아봤던 것 같아."

데자뷰 현상을 한마디로 표현하자면, "처음 보는 것인데 익숙하게 여겨지는"이라는 말로 풀이할 수 있습니다. 이런 심리적 현상을 일컫는 단어를 서튼 교수는 뒤집어 놓습니다.

"Vu Ja De"

이렇게 표현해 놓고 의미도 부여하였습니다. '날마다 보는 참으로 익숙한 것인데 마치 처음 보는 것처럼 여기는.' 이렇게 의미를 심고, 글을 읽는 독자에게 말합니다. 다르게 생각하는 사람이 이 땅을 움직여 간다고 말입니다. 우리에겐 조금 희화되어 들릴 수 있는 단어가 되었습니다. '부. 자. 데.' 꼭 "부자 돼!"라고 말하는 것 같습니다.

서튼의 역발상은 블루 오션 전략을 말하는 사람들에게 참으로 중요한 인식입니다. 하찮게 여기는 자신의 능력과 별 볼 일 없다고 여기는 자신의 재능을 다른 눈으로 다른 관점에서 바라보지 않으면 블루 오션은 영원히 유토피아에 불과할 것이기 때문입니다. 그래서 자신이 가진 것을 가치있게 여기는 것은 중요합니다. 자신이 가진 재능과 능력을 참으로 독특한 아름다움으로 바라보지 않으면 블루 오션을 만들 수 없습니다.

두 번째로 언급한 토머스 프리드만(Thomas L. Friedman)의 책은 세계화 3.0(Globalization 3.0)이라는 독특한 세계 인식에 기초한 책입니다. 그가 말하는 현대는 더 이상 영토, 영해, 영공을 말하는 국가 경계에 기초하여 발전되는 세상이 아닙니다. 세계의 유수 기업들을 보면 본사가 잠들어 있는 시간에는 지사가 깨어 있습니다. 그래서 지사가 본사의 역할을 대신합니다. 세계 고객을 대상으로 잠들지 않는 기업을 만들어 가는 것입니다. 예를 들어, 서울 사무실에선 오후 여섯시가 되면 퇴근하지만 지구 반대쪽 남미의 리오 데 자네이로의 사무실 직원은 오전 여섯시에 출근합니다. 그래서 밤사이 한국 고객들은 깨어 있는 리오 데 자네이로 거주 직원들과 자신의 문제를 토론하게 됩니다. 그런 세상에서 국경과 시차는 아무런 문제가 되지 않습니다. 프리드만은 이렇게 말합니다.

"현대를 살아가려면 자신에 대한 성찰과 끊임없는 반성, 그리고 자신의 가능성을 개발하는 무한한 열정이 필요합니다."

자신의 가능성을 개발한다는 것은 오늘을 살아가는 우리에겐 대단히 중요한 인식입니다. 우리는 계급과 계층에 의해 지배받던 세상과, 군부와 독재의 그늘 아래에서 자신이 가진 것을 하찮게 여겨야만 했던 세상을 지나, 이제 자신이 가진 것을 소중히 여기는 세상에 살게 되었습니다. 힘과 권력과 계층의 논리에서 각자가 가진 재능과 개성이 존중되는 새로운 틀거리를 갖게 된 것입니다. 오늘을 살아가는 우리는 이런 변화에 민감해야 합니다. 그럴 때 비로소 미래를 살아갈 구체적인 전략을 마련할 수 있기 때문입니다.

앞으로의 미래는 창조적 마인드를 가진 사람들에 의해 움직여 나갈 것입니다. 그리고 창조적 마인드는 개개인의 재능에 대한 존중과 개발, 활용에 그 근본이 있음을 직시해야 합니다. 쉽게 표현하면, '자기가 되는 것'입니다. '자기가 되는 것'은 어느 누구도 쉽게 따라할 수 없는 아이디어 넘치는 창조성을 말하며, 이는 나만이 만들 수 있는 부가가치를 창출한다는 뜻입니다.

'별 다방'이라 불리는 스타벅스(Starbucks Coffee Company)를 세계적 커피 프랜차이즈로 만들어 낸 하워드 슐츠는 예스맨(Yes Man)보다 아이디어맨(Idea Man)이 필요하다고 말합니다. 물론 체계와 구조적 위계질서를 중요시 여기는 사회에서는 윗선의 명령이 아래까지 얼마나 정확하고 신속하게 전달되는가가 참으로 중요합니다. 그래서 상사의 명령에 순응하는 예스맨이 필요합니다. 그러나 예스맨은 조직과 체계가 잘 굴러가게 도울 수는 있지만 조직과 체계의 방향성을 제시하지는 못합니다.

방향성을 줄 수 없다는 말은 세계관이나 철학이 없다는 의미로도 연결될 수 있습니다. 세계관은 세상을 바라보는 눈을 의미합니다. 철학은 깨닫는 학문, 깨닫게 하는 학문이라는 뜻을 가지고 있습니다. 두 단어 공히 지닌 뉘앙스는 세상의 흐름에 대해 무엇인가 깨달을 수 있을 정도로 분석하고 해석하는 능력이 있다는 것입니다. 세상에는 수많은 일들이 일어납니다. 어떤 사람은 그저 날마다 일어나는 일상적 일들의 반복이라고 말하지만, 어떤 사람은 그날마다 일어나는 일상의 일들을 의미 있게 여겨 삶의 지침을 수정하거나, 투자하거나, 변화를 추구합니다.

우리가 철학이라는 말 앞에 흔히 붙이는 말로 "교육"이 있습니다. 두 단어를 붙여 만든 교육철학이라는 말은 교육을 할 때, 어떤 눈을 갖고 하느냐를 의미합니다. 즉 대세라든가, 군중의 논리라든가 하는 생각 없는 추구로 아이들을 내몰지 않겠나는 의지를 갖고 아이들을 가르치겠다는 것입니다. 참으로 바라보고픈 세상이 있습니다. 그것을 나의 아이들에게 보여주며 그런 세상을 함께 만들자고 요청하는 것이 가르침의 바탕에 있다는 말입니다.

소떼나 양떼 몰 듯 아이들을 학원에 집어넣거나, 내 아이의 특성을 생각하지도 않고 남들이 좋다니까 각종 과외를 받게 하는 것은 세계관도, 철학도 없는 행동입니다. 그런 사람들에게는 보여주고 싶은 세상도, 그리고 싶은 미래도 없는 듯 여겨집니다. 이렇게 철학 없이 하는 교육은 아이들을 혼란스럽게 합니다. 그래서 아이들은 왜 공부해야 하는지, 왜 그런 학원에 가야하고, 왜 그런 과외를 받아야 하는지 어리둥절해 합니다. 철학의 부재가 생각의 부재를 낳는다는 말입니다. 그렇게 되면, 예스맨으로 살아가는 것이 편해집니다. 엄마가 시키는 대로, 어른들이 하자는 대로, 남들이 하니까.

하지만 세상을 움직이는 것은 아이디어맨입니다. 아이디어가 있다는 말은 세상을 바라보는 눈이 있다는 말입니다. 자신이 가진 독특한 눈으로 세상의 흐름을 분석하고 해석하며 평가할 수 있다는 말입니다. 평가를 잘 한다는 말은 자기 것이 분명하다는 반증이기도 합니다. 그러므로 평가를 하건, 해석을 하건 간에 그럴 수 있다는 것은 자신에게 그럴 만한 인식과 생각, 즉 눈이 있다는 뜻입니다. 그러면 이러한 눈을 어떻게 기를 수 있을까요? 대답은 간단합니다. 자신에 대한 구체적인 인식과 자신이 가진 재능과 능력, 자신에게 중요한 관심사에 대해 깊이 있는 이해를 세워나갈 때 가능해집니다.

그러므로 우리가 가장 먼저 해야 할 일은 '자신을 아름답게 바라보는 것' 입니다. 아름답게 바라보면 내가 가진 것의 장점을 살릴 수 있습니다. 그런 점에서 아이디어맨은 자신의 아름다움을 장점으로 만들 줄 아는 사람입니다. 물론, 이 아름다움에 대한 인식은 장점으로 언급되는 긍정적인 것만을 포함시켜서는 안 됩니다. 단점 역시 아름다움으로 인식할 수 있어야 합니다. 그래야 아름답다는 말이 진정한 의미를 갖게 됩니다. 예를 하나 들어 볼까요? 어떤 사람이 이렇게 말합니다.
"저는요, 너무 우유부단해요. 사람이 못나서 그래요."
이런 자신에 대한 부정적 규정을 우리는 단점이라고 말합니다. 없애거나 고치고 싶습니다. 하지만 이런 부정적 표현을 장점으로 바꾸어 표현할 수 있습니다.
"저는 다른 사람을 잘 배려합니다. 그래서 이렇게 해야지 결심하고 있다가도 누군가 내게 다른 생각을 제시하면 그 사람의 의견을 듣고 내 생각을 수정합니다. 나만 옳은 것이 아니기 때문입니다. 더불어 그를 배려하고 싶기 때문입니다."
사실 단점과 장점은 같은 말입니다. 이음동의어(異音同義語)라고나 할까요? 보는 관점에 따라 긍정적이 되기도 하고 부정적이 되기도 하는 것입니다. 그런 짐에서 장점과 단점 모두 나를 표현하는 말이며, 자신만의 독특성에 대한 중요한 설명입니다. 때문에 장점만 아름다운 것이 아니라 단점 역시 보는 각도에 따라 아름다운 것입니다. 따라서 우리에게 필요한 것은, 옳고 그름만을 마녀사냥 식으로 따지는 이중인식(Dualism)에서 벗어나 다양함의 눈으로 바라보는 태도입니다.

스포츠 신문이나 주간 잡지를 보면 으레 나오는 코너가 있습니다. "오늘의 운세"라는 꼭지인데 이것처럼 우스운 것도 없습니다.

"67년생, 오늘은 어떻고 무엇을 조심해야 하고 어떤 방향에 길흉이 있으며…."

즉 이 땅에 살고 있는 67년생 모두 같은 인생을 산다는 말인데, 그런 점에서 피식하고 헛웃음이 나옵니다. 우리네 삶이 그렇게 일률적이던가요? 사람은 다양하기 때문에 아름다운 것입니다. 소위 장점과 단점이라는 이중적 구도가 아주 정밀하고 교묘하게 얽혀 각 개인의 특성을 드러내는 존재가 바로 사람입니다. 그래서 사람은 아름답습니다. 누가 뭐래도 말입니다.

사람을 얼마나 아름답게 여겼던지 안치환은 정지원의 글을 빌어 이렇게 노래했습니다. 그가 노래를 통해 외치는 말이 참 좋습니다.

> 누가 뭐래도 사람이 꽃보다 아름다워
> 이 모든 외로움 이겨낸 바로 그 사람

누가 뭐래도 그대는 꽃보다 아름다워
노래의 온기를 품고 사는
바로 그대 바로 당신
바로 우리 우린 참사랑

만족할 만큼은 아니지만 지금까지 사람이 아름다운 몇 가지 이유와 사람을 아름답게 바라보아야 할 이유 몇 가지에 대해 생각을 풀어 보았습니다. 사람에 대한 관심은 자연히 하나님에 대한 관심으로 이어집니다. 아름다운 우리가 하나님의 형상대로 지어졌기 때문입니다. 다만 하나님이 지니신 아름다움을 이 책에서 굳이 말하지 않는 것은, 아름다운 하나님에 대해서는 많은 신학자들이 말하고 연구해왔기 때문입니다.

이제 우리의 관심을 '하나님을 어떻게 아름답게 바라볼 수 있을까?'에 두고 싶습니다. 하나님은 완전하시나(신명기 18:13) 우리는 불완전합니다. 하나님은 거룩하시나(레위기 11:44-45), 우리는 거룩하지 않습니다. 그래서 우리는 하나님의 아름다움을 보지도 느끼지도 못하고 살아갈 때가 많습니다. 어떻게 하면 우리의 현재 모습에서 아름다운 하나님을 고백하며 살아갈 수 있을까요? 이제 우리들의 이야기를 소박하게 풀어보고자 합니다. 그것은 그저 사람 사는 이야기입니다. 그러나 아무렇게나 살아가는 이야기는 아닙니다. 아름다움에 대한 우리들의 이야기입니다.

꽃 보 다   아 름 다 운   사 람 이 야 기

자주 흔들리고 쉽게 부러지는
연약하기 그지없는 사람이라는 꽃,
그러나 본질만은 아름답고 사랑할 수밖에 없는,
꽃보다 아름다운 사람이야기

아름다움 셋.

하나님을 아름답게 바라보는 몇 가지 방법

아름다움 셋_1

하나님을 배려하기

　　　　사고로 무인도에 홀로 떨어지거나 극한의 상황에 내몰린 상태가 아니라면, 내 옆에 누가 있는지 신경을 쓰게 되고 눈치를 보게 됩니다. 눈치는 사실 부정적인 어감을 가진 단어입니다. 흔히들 눈치 보며 살기보다는 소신껏 살라고 말합니다. 하지만 눈치에는 두 종류가 있습니다.

　눈치의 방향이 나의 이기적 욕심을 채우는 쪽으로 가 있다면 그것을 '처세'라고 말합니다. 세상을 조금 더 편하게, 조금 더 배부르게 살아야 되겠다는 욕망이 눈치를 보게 합니다. 하지만 눈치의 방향이 타인의 행복과 안녕을 향해 있다면, 그래서 '혹시 아픈 것은 아닐까?', '혹 큰일을 당한 것은 아닐까?', '무엇 때문에 슬플까?' 하고 옆에 있는 사람의 눈치를 본다면 그것을 처세라고 하지는 않습니다. 이런 종류의 눈치는 '배려'라고 합니다.

눈치를 봐도 배려하듯 눈치 보면 좋겠습니다. 그래서 우리 모두 함께 살아가야 할 존재란 사실을 잊지 않으면 좋겠습니다. 그래야 세상이 훈훈해지고 따뜻해질 테니 말입니다. 넉넉히 '아름답다' 말할 수 있을 테니 말입니다.

배려처럼 눈치 보며 살자는 말에는 눈치를 봐도, 본질에 우리의 시선을 두자는 다짐이 묻어 있습니다. 사람이란 본질 말입니다. 이기적인 욕심으로 바라보면 보이지 않는 사람 말입니다. 사실 눈치 보자는 말은 정말 눈치다운 눈치 좀 보자는 말입니다. 사람이라는 본질이 내가 추구하는 미래보다 중요하며, 사람이라는 본질이 내가 만들어야 될 목표보다 가치 있음을 알아야 합니다. 사람이 미래이며 사람이 목표이기 때문입니다. 이것이 바로 하나님의 마음이고 예수 그리스도의 열정입니다.

하나님께서는 우리를 귀한 존재로 여기셨습니다. 예수님께서도 우리를 함부로 대하지 않으셨습니다. 그러므로 우리 역시 하나님을 본질의 눈으로 바라보아야 합니다. 이것을 '하나님을 아름답게 바라보는 것'으로 말하고 싶습니다. 그러면 어떻게 하는 것이 하나님을 아름답게 바라보는 것일까요? 본질의 눈으로 바라본다는 의미는 무엇일까요?

일본에는 중국의 공자만큼 유명한 하꾸인(白隱)이란 선사의 이야기가 있습니다. 미국 뉴서시 찬양교회에서 삶으로 하나님을 찬양하는 허봉기 목사님의 수상집, 사도가 코고는 소리에 실린 글, '아, 그렇습니까'를 소개합니다.

마을 사람들에게
고결한 삶을 사는 사람으로 칭송을 듣는 이가 있었다.
그의 이름은 '하꾸인'이었다.
그리고 그 이웃에 어여쁜 처녀가 살았다.
어느 날 난데없이 그 처녀의 배가 불러오자
아버지가 심하게 다그쳤다.
딸은 생선가게 총각과의 일을 이야기 할 수 없었다.
버틸 대로 버티다가 더는 견딜 수 없게 되자
그 딸은 당장의 어려움에서 벗어나고 보자는 생각으로
하꾸인의 이름을 대게 된다.

아버지는 출산한 아이를 하꾸인에게 건네며
그의 분별을 나무랐다.
잠자코 듣고 있던 그는
"아, 그렇습니까"라고 말할 뿐이었다.
그 일로 그는 명성을 잃었다.

그러나 그것이 그의 마음을 어지럽히지는 못하였다.

하꾸인이 어렵게 그 아이를 키우던 중
여자가 아버지에게 사실을 털어 놓게 되었다.
그는 하꾸인을 찾아가 백배 사죄하고 아이를 돌려받았다.
그때 하꾸인이 한말은
"아, 그렇습니까"뿐이었다.

우리는 좋은 사람이 되려고 하기보다
사람들로부터 좋은 평가를 받는데 더 관심이 있다.
명확한 사실보다 사람들의 부정확한 견해에 따라
웃기도 하고 울기도 한다.

중요한 것은 내가 어떻게 사는 가이지
사람들이 나를 어떻게 생각하는가가 아니다.
당신이 바르다면
당신을 둘러싼 견해에 시달리지 말고
가던 길을 당당히 걸어가라.
그저 "아, 그렇습니까"라고 말하며….

나를 둘러싼 선해에 시달리지 말고 가던 길을 당당히 걸어가는 것. 그저 "아, 그렇습니까!"라고 말하며 살아가는 것. 그것이 본질을 바라보는 삶의 자세입니다. 이런 자세로 하나님을 바라보는 것, 그것이 아름답게 하나님을 바라보는 것입니다. 살아가며 때론 하나님께서 내게 잘 못해주신다 여겨질 때가 있습니다. 그래서 내가 믿는 하나님을 부끄럽게 여길 때가 있습니다. 하지만 상황이 어떠하든지 하나님을 바라보고 당당해야 합니다.

'다른 이들의 눈에 어떻게 비쳐질까?'는 중요한 것이 아닙니다. 하나님을 바라보며 살아가는 나의 길에 당당함이 있으면 되는 것입니다. 어깨 펴고 걸을 수 있는 당당한 힘이 생겨나는 것은, 나를 부러운 듯 바라보는 시선 때문이 아니라, 세상을 바라보는 나의 당당한 시선 때문입니다. 이런 시선이 가능한 이유는 하나님 안에 속한 나의 삶에 자신감이 넘쳐나기 때문입니다. 내가 걸어가는 삶이 소위 편안함과 안락함을 추구하는 삶은 아닐지라도, 하나님을 누리고자하는 삶이란 것을 잘 알기 때문입니다.

빨리 가면 더 좋다는 것을 잘 압니다. 더 좋은 자리, 더 안락한 위치를 선점할 수 있기 때문입니다. 서두르면 더 좋다는 것도 잘 압니다. 더 편안한 지위와 폼 나는 인생을 살 수 있기 때문입니다. 이것이 그르거나 불필요하다 말하고 싶지는 않습니다. 하지만 본질은 '조금만 더'라는 욕심으로 만들어 지는 게 아닙니다. 이런 추구는 이기적 욕구 충족에 대한 욕구입니다. 거기엔 사람이 없습니다. 열심히 살지만 사람이, 가족이 없습니다. 하나님의 통치하심을 누린다는 의미를 상실했기 때문입니다.

하나님의 눈치를 보며 살면 좋겠습니다. 하나님이 내 안에서, 나와 함께 하시는 배려를 잊지 않아야 합니다. 그래서 천천히 걸으며 찬찬히 바라보면 좋겠습니다. 손해 볼 줄 알지만, 오히려 당당하게 손해 보면 좋겠습니다. 그리고 하나님을 생각하면 좋겠습니다. 하나님의 마음을 헤아려 보는 것입니다.

이렇게 살아가는 것이 본질에 대한 배려입니다. 하나님의 마음을 배려하는 것. 그것이 하나님을 아름답게 바라보는 것입니다. 하나님의 마음을 배려한다는 것은 쉬운 일이 아닙니다. 말 그대로 천천히 걸어야 하고 찬찬히 바라보아야 하기 때문입니다. 빨리 뛸 능력이 있지만 의도적으로 천천히 걷는 것입니다. 대충 봐도 무슨 내용인지 알지만 찬찬히 바라보는 것입니다. 그래서 힘이 듭니다. 하나님께서 힘드셨던 것처럼 말입니다.

하나님은 전능하시기 때문에 말씀 한마디로도 얼마든지 인간을 구원하실 수 있었습니다. 그런데 왜 일을 복잡하게 만드셨을까요? 예수님을 보내시고, 죽게 하시고, 다시 살리셔서 예수님을 주님이라 고백하는 사람들에게 부활의 소망을 주시고… 하나님 입장에서 생각해 보면 인간을 구원하기 위한 쉬운 길을 두고, 침으로 지루한 길을 택하신 것입니다. 이유가 무엇일까요? 아마도 우리에게 말씀하시는 것 같습니다. 조금 천천히 걸어보라고, 그리고 찬찬히 바라보라고 말입니다. 그러면 하나님께서 우리를 얼마나 사랑하시고 계신지 알 거라고 말씀하시는 것 같습니다.

그런데 그렇게 살면 세상이 우리에게 눈치를 줄 것입니다. 빨리 좀 가라고 재촉할 것입니다. 빨리 갈 수 있는데 왜 천천히 가느냐며 바보 아니냐고 비아냥거릴 것입니다. 태산이 되려고 애쓰는 사람들 틈바구니 속에서 조그마한 언덕이 되려고 하니 아마 우스워 보일 것입니다. 하지만 그렇게 살면 좋겠습니다. 조그만 언덕이 되면 누구든지 올라와 쉴 수 있을 테니 말입니다.

제 어머니는 만성 관절염 환자라 잘 걷지 못하십니다. 계단을 오르내리거나 평탄치 못한 곳을 가실 때면 으레 뒷사람에게 방해가 되곤 합니다. 좁은 길에서 어머니 손을 붙잡고 느릿느릿 걷다 보면 성질 급한 뒷사람의 얼굴이 눈에 들어옵니다. 거치적거리는 게 귀찮다는 듯 잔뜩 찌푸린 얼굴, 앞서 가려고 안달인 얼굴… 그럴 때면 '3초만 기다려 주면 좋을 텐데…' 하고 생각합니다. 누구의 글인지는 모르지만 **당신이 있어 행복합니다**란 책에 실린 '3초의 여유'를 소개합니다.

엘리베이터를 탔을 때 '닫기'를 누르기 전
3초만 기다려 보세요.
정말 누군가 급하게 오고 있을지도 모르니까요.

출발신호가 떨어져 앞차가 서 있어도 경적을 울리지 말고
3초만 기다려 주세요.
그 사람은 인생의 중요한 기로에서 갈등하고 있었는지 모릅니다.

내 차 앞으로 끼어드는 차가 있으면 3초만 서서 기다려요.
그 사람 아내가 정말 아플지도 모르니까요.

친구와 헤어질 때 그의 뒷모습을 3초만 보고 있어 주세요.
혹시 그 친구가 가다가 뒤돌아 봤을 때 웃어 줄 수 있도록.

길을 가다가 아니면 뉴스에서 불행을 맞은 사람을 보면
잠시 눈을 감고 3초만 그들을 위해 기도하세요.
언젠가는 그들이 나를 위해 기꺼이 그리할 것이니까요.

정말 화가 나서 참을 수 없는 때라도
3초만 고개를 들어 하늘을 보세요.

내가 화낼 일이 보질 것 없지는 않은가.
차창으로 고개를 내밀다 한 아이와 눈이 마주쳤을 때
3초만 그 아이에게 손을 흔들어 주세요.
그 아이가 크면 분명히 내 아이에게도 그리할 것이니까요.

참 좋은 글이지요? 이런 글을 보면 한번 해보고 싶어집니다. 언젠가 신호대기 중 옆에 노란 봉고차 하나가 섰고, 많은 아이들 가운데 한 사내아이와 눈이 딱 마주쳤습니다. 그때 '3초의 여유'를 생각하여 아이에게 손을 흔들어 주었습니다. 3초는 결코 짧은 시간이 아닙니다. 민망함을 뒤로하고 용기를 낸 데는, 책이 말한 대로 그 아이가 크면 또 다른 어린아이에게 넉넉히 손을 흔들어 줄 것이란 희망을 생각했기 때문입니다.

책에 적힌 그대로라면 손을 흔들어 준 그 아이 역시 제게 손을 흔들어 줄 법도한데, 웬걸, 차가 출발하자 차창을 열고 혀를 내밀며 "메롱!" 하는 게 아닙니까! 더구나 그 아이는 가운데 손가락을 치켜들며 손가락 욕까지 했습니다. 순간 당황스러웠습니다. '저 녀석이…!' 싶었습니다. 책에선 분명히 어떤 가슴 따뜻한 일이 일어날 것 같았는데, 현실은 그렇지 않은가 봅니다.

자동차 전용도로를 타고 학교로 출근하는 길이었습니다. 출구가 한참 멀었는데도 차가 워낙 많아 북새통을 이루고 있었습니다. 한참을 기다려 출구 앞에 거의 왔을 때, 차 한 대가 비상등을 켜고 끼어들었습니다.

순간 '3초의 여유'를 생각했습니다. 1초, 2초, 3초. 차를 멈추고 서서 끼어드는 차를 보내주었더니, 차량 몇 대가 한꺼번에 제 앞을 막고 끼어들었습니다. 그러자 뒤에 있던 운전자가 화가 많이 났던 모양인지 삿대질을 하며 욕을 하는 바람에 적잖이 당황했습니다.

당황스러운 마음을 추스르려고, 이렇게 사는 게 옳은 거라고 스스로 위로하였습니다. 하지만 마음은 편치 않았습니다. 절대 끼워주지 않고 운전도 거칠게 할 수 있습니다. 하지만 다짐하였습니다. '계란으로 바위치기라고 해도 한 번 해 보자'

조금만 천천히 걷고 조금만 찬찬히 바라보려고 하면 세상이 그냥 놔두지 않습니다. 빨리 걸으라고 재촉합니다. 하지만 그렇게 살아보는 것입니다. 그것이 하나님을 바라보며 사는 것이라고 생각합니다. 아름답게 바라보는 것이라고 생각합니다.

성경을 필사하시는 어머니께서 하루는 히브리서를 적으시다 말씀 한 구절을 가리키셨습니다. 히브리서 12장 12-13절 말씀이었습니다.

> 그러므로 피곤한 손과 연약한 무릎을 일으켜 세우고 너희 발을 위하여 곧은 길을 만들어 저는 다리로 하여금 어그러지지 않고 고침을 받게 하라 (히 12:12~13)

그리고 이렇게 말씀하셨습니다.

"내처럼 다리 불편한 사람을 위해 이 목사는 곧은 길을 만드는 사람 되거래이. 내야 하나님이 기도하고 말씀 적으라고 이렇게 잘 못 걷게 하신 거지만 우쨌든 이 목사는 다리 아픈 사람들 잘 걷게 바른 길을 만들어래이."

곧은 길을 만드는 것은 쉬운 일이 아닐 것입니다. 그러나 만들고 싶습니다. 천천히 걸으며 뭘 할 수 있겠느냐 생각하실지도 모르겠습니다. 대단한 열정과 대단한 비전을 말하는 것은 아니지만 한 번에 하나씩, 그렇게 살아가고 싶습니다. 작고하신 테레사 수녀님처럼 말입니다.

〈 한 번에 한 사람 〉_ 테레사

난 결코 대중을 구원하려고 하시 않는나.
난 다만 한 개인을 바라볼 뿐이다.
난 한 번에 단지 한 사람만을 사랑할 수 있다.
한 번에 단지 한 사람만을 껴안을 수 있다.
단지 한 사람, 한 사람, 한 사람씩만…
따라서 당신도 시작하고
나도 시작하는 것이다.
난 한 사람을 붙잡는다.

만일 내가 그 사람을 붙잡지 않았다면

난 다만 4만 2천명을 붙잡지 못했을 것이다.

모든 노력은 단지 바다에 붓는 한 방울 물과 같다.

하지만 만일 내가 그 한 방울의 물을 붓지 않았다면

바다는 그 한 방울만큼 줄어들 것이다.

당신의 가족에게도,

당신이 다니는 교회에서도 마찬가지다.

단지 시작하는 것이다.

한 번에 한 사람씩.

아름다움 셋_2

일상을 감격하기

　　　　　　오늘 우리가 살아가는 사회엔 여러 가지 문화 트렌드가 있습니다. 그 중에 다운쉬프팅(Downshifting)이란 단어가 있는데 이는 '기어를 저단으로 낮춘다'는 의미에서 조금 천천히 그리고 세상을 조금 찬찬히 바라보려는 사회문화적 현상을 일컫는 말입니다. 남들이 부러워하는 지위를 가지고 있지만 가족과 함께 지내기 위해, 자신만의 시간을 갖기 위해, 과감히 그 자리를 떠나 여유로운 삶을 즐기는 생활 트렌드입니다. 이런 부류의 사람을 다운쉬프터(Downshifter)라고 합니다. 그리고 저는 이들을 용기 있는 사람이라고 생각합니다. 충분히 즐길 만큼 갖게 되었거나 이루어서 그렇게 하는 것이 아니기 때문입니다. 여전히 많이 벌어야 하고 여전히 바삐 뛰어야 하지만 무엇이 중요한가, 어떻게 사는 것이 더 행복한 삶인가를 고민하며 다운쉬프터가 되기로 결정하였기 때문입니다.

　세상은 이들을 '보통'과 '일반'이라는 틀을 깬 사람들로 여깁니다. 그러나 이렇게 살아가는 것이 일반이고 보통이라는 생각을 해봅니다. 보아야 하는 것을 보고, 들어야 할 것을 듣는 이들이야 말로 평범한 사람들 아닐까요? 그러나 이들이 바라보는 세상은 분명히 다릅니다. 다른 것에 시선이 맞춰져 있기 때문입니다. 그렇다고 불필요한 것을 바라보거나 아무렇게나 바라본다고 생각하지 않았으면 좋겠습니다. 정말 바라봐야 할 것을 바라볼 줄 알고, 사람들이 놓치는 중요한 것을 바라볼 줄 알기 때문입니다.

　삶과 글이 하나여서 참 좋아하는 작가, 문학계의 다운쉬프터인, 연탄길의 이철환 작가를 만날 때면 그의 평범함이 좋다 싶습니다. 들꽃을 좋아하는 그에게는 들꽃 같은 평범함이 그득합니다. 하지만 그의 평범함은 곧 비범함입니다. 그의 글, "당신과 나는 들꽃이 되면 좋겠습니다"는 진정한 다운쉬프터로서 어찌 살아야 하는지를 일러줍니다.

　　당신은 김밥을 좋아하시는지요.
　　저는 김밥을 좋아합니다.
　　사람들이 김밥을 좋아하는 건,
　　아마도 사람들 가슴속에 소풍이라는 아름다운 추억이 있기 때문일 거예요.

    김밥을 만들 때 김밥 속에는 여러 가지 재료가 들어갑니다.

    치자색 단무지와 계란, 분홍색 햄, 초록색 시금치나 오이, 주황색 당근…

    치즈가 들어가면 치즈 김밥. 참치가 들어가면 참치 김밥.

    소고기가 들어가면 소고기 김밥.

    형형색색의 여러 가지 재료가 들어가니까 김밥 속은 앞마당의 꽃밭처럼 화려합니다.

    그런데 말이죠. 김밥 속이 화려해지면 화려해질수록

    김밥은 빨리 상해버린다고 합니다.

    신기하게도, 사람 사는 것도 꼭 김밥 속 같습니다.

    삶이 화려해질수록, 그 사람의 영혼도 빨리 상해버리니까요.

    화려해지고 높은 곳에 오를수록,

    사람들은 낮아질까봐, 초라해질까봐 늘 불안해하니까요.

    사랑하는 당신… 당신과 나는,

    항상 최고가 되겠다고 생각하지는 말기로 해요.

    모든 사람들에게 박수만 받겠다고 생각하지도 말고요.

    꿈이 너무 많은 사람은 행복해질 수 없으니까요.

이룰 수 없는 꿈 때문에 당신이 너무 아파하지 않았으면 좋겠습니다.

당신을 위해 나도 조용히 불을 끄겠습니다.

당신과 나, 들꽃 같은 사람이 되었으면 좋겠습니다.

꽃을 피워야만 사랑 받는 장미도 되지 말고,

언제 꺾일지 몰라 불안해하는 백합도 되지 말고,

있는 듯 없는 듯 소리 없이 피고 지는 들꽃 같은 사람이 되었으면 좋겠습니다.

불어오는 바람에도 아름답게 흔들릴 줄 아는 그런 들꽃 말입니다.

제비꽃, 달맞이꽃, 패랭이꽃, 자운영꽃, 아기별꽃,

양지꽃, 질경이꽃, 며느리밥풀꽃, 바람꽃, 은방울꽃…

들판 가득 엄마의 눈물처럼 피어 있는 이 꽃들은

여치 울음소리, 개구리 울음소리를 들으며

제 영혼의 키를 키울 줄 아는 들꽃이랍니다.

보슬보슬한 흙 위에 누워, 밤하늘 북두칠성을 바라보는 눈빛 맑은 들꽃이랍니다.

당신은 어떤 꽃이 되고 싶으신지요.

당신 가슴속 앓이 앓이가 꽃이 될 거라 믿겠습니다.

당신과 나, 강물보다 짧은 인생길을 걸어가고 있습니다.

부디, 눈비 뿌리는 날에도, 당신이 따슨 밥처럼 살아갔으면 좋겠습니다.

사랑하는 당신… 나, 당신 곁에 늘 머물겠습니다.

가슴으로, 눈빛으로, 소리 없이, 환하게.

그리스도인들은 다운쉬프터여야 합니다. 세상을 지배하는 원리와 원칙에 쉽게 몸을 맡기지 말아야 합니다. 더 많이 갖는 것과 더 빨리 가고자 하는 세상의 흐름에 대해 소신 있는 반문을 가져야 합니다. 왜냐하면 그리스도인은 보이지 않는 것을 바라보며, 확실치 않은 미래를 확신으로 살아가는 사람들이기 때문입니다. "현실을 잘 모르는구나!", "그거 환상이야!"라며 세상이 비아냥거릴지라도 "아, 그렇습니까!" 라고 말하며 가던 길을 당당히 걸어가는 사람들이기 때문입니다.

예수님도 그렇게 사셨습니다. 그의 두 눈에 그득한 것이 무엇이었는지 아십니까? 바로 천국이었습니다. '하나님 나라' 말입니다. 어디를 가건 무엇을 하건 그는 오로지 천국에 매였던 사람이었고 천국만을 바라본 사람이었습니다. 그래서 그를 지독한 향수(鄕愁)에 담겨 살았던 사람으로 생각할 수 있습니다. 그래서인지 예수님은 자신이 떠나온 하나님의 나라에 대해 사람들에게 이야기하는 것을 좋아하셨습니다. 우리 모두가 예수님과 함께 하나님의 나라에 가면 좋겠다는 큰 소망을 가지고 사셨기 때문입니다.

신대륙을 발견한 사람들이나, 서부를 개척했던 미국인들이나, 새로운 땅에 가서 정착하는 사람들은 자신이 살았던 고향을 잊지 못해 그곳 이름을 고향의 이름으로 부르기도 하고 고향에서처럼 살아가기도 합니다. 이국땅에 살긴 하지만, 고향에 살면 좋겠다는 일종의 향수 표현입니다. 예수 그리스도에게 천국은 그런 향수였습니다. 세상에서 사역을 시작한 뒤로 그에겐 줄곧 하늘나라뿐이었습니다. 그리고 어디를 가든 천국처럼 사셨습니다.

마태복음 9장 35절은 이렇게 말합니다.

> 예수께서 모든 도시와 마을에 두루 다니사 그들의 회당에서 가르치시며 천국 복음을 전파하시며 모든 병과 모든 약한 것을 고치시니라 (마 9:35)

즉, 하늘나라 때문에 여러 도시를 다니셨고, 가르치셨고, 병자도 고치셨다는 말입니다.

이런 사실은 성경을 자세히 보면 더욱 분명해집니다. 세례요한처럼 예수님께서도 세상을 위한 사역을 시작했을 때 가장 먼저 한 말이 "회개하십시오. 천국이 가까이에 왔습니다."였습니다. 예수님은 사람들을 가르치길 즐겨 하셨는데, 그때마다 비유로 말씀하시곤 했습니다. 그런데 이 비유 역시 온통 천국이야기 뿐이었습니다. "내가 천국을 어떻게 이야기할 수 있을까요?", "천국을 무엇에다 비유할까요?" 그렇게 시작하신 비유가 바로 마태복음 13장, 20장, 22장, 25장 등에 실린 다양한 비유들입니다. 씨 뿌리는 비유, 그물비유, 겨자씨와 누룩의 비유, 가라지의 비유, 포도원 품꾼의 비유, 혼인잔치의 비유, 열 처녀 비유….

예수님의 비유에는 독특한 점이 있습니다. 해석학으로 유명한 프랑스의 철학자, 폴 리쾨르(Paul Ricoeur)의 분석이기도 합니다만, 이 세상에 없음직한 천국을 이 세상에서 너무 흔해빠진 소재들로 설명하셨다는 점입니다. 사실 그렇습니다. 씨 뿌리는 것이나, 겨자씨, 누룩, 혼인잔치, 그물… 이러한 것들은 당시 팔레스타인 지방에 살던 사람이면 누구나 볼 수 있고 누구나 경험할 수 있는 그런 것들이었습니다. 이처럼 별것 아닌 것들로 이 세상에 없음직한 대단한 하나님의 나라, 천국을 설명하셨다는 것은 예수님의 비유의 독특한 특징이라고 생각됩니다.

만약 예수님이 오늘 우리 사회에서 여전히 살아 일하신다면 천국을 무엇으로 설명하실까요?

"천국은 마치 우리가 살고 있는 아파트와 같습니다."

"하나님 나라는 마치 길거리를 지나는 버스와 같으며 우리가 타고 다니는 지하철과 같습니다."

"천국은 마치 휴대전화와 같으며 천국은 마치 컴퓨터와 같습니다."

이렇게 말씀하지 않으셨겠습니까? 그렇다는 이야기는 그분의 두 눈에 그득한 것이 바로 천국이었다는 말입니다. 천국이 그분의 두 눈에 가득했기에 천국이야기만 하면 그분의 가슴이 뛰었습니다. 그래서 예수님은 세상을 천국으로, 하나님의 나라로 여기셨습니다. 복잡하고 실망스런 세상이었지만 그분의 눈엔 이미 천국이었던 것입니다. 예수님의 천국 비유를 읽고 있노라면 이렇게 말씀하시는 것 같습니다.

"여길 보세요. 여기에 천국이 있네요. 겨자씨 속에 천국이 있습니다."

"여기도 있네요. 잘 보세요. 빵 속에 넣어 부풀게 하는 이스트 속에, 흔히 사용하는 그물 속에 천국이 있었네요."

"여기도, 여기도 좀 보세요. 사람들이 즐거워하는 혼인잔치 속에도 천국이 숨어 있었네요."

그렇게 예수님의 삶은 일평생 '보물찾기'였습니다. 보물찾기에 젬병인 저였지만 소풍의 하이라이트인 보물찾기 시간을 두근거리는 마음으로 기다릴 때가 많았습니다. 보물을 많이 찾은 아이들이 그렇게 부러울 수 없었습니다. 하나만 발견해도 온 세상을 다 가진 것 같은 마음이었습니다. 이 땅을 살아가며 예수님처럼 보물을 찾는 설렘으로 살면 좋겠습니다. 예수님이 느끼셨던 그런 감동으로 살면 좋겠습니다.

예수님의 뒤를 좇으며 살아가는 그리스도인들을 저는 '그리스도 가락' 혹은 '예수가락'이라고 부르길 좋아합니다. 뭐 대단한 표현은 아니고 손에서 나온 가락이 손가락이며, 발에서 나온 가락이 발가락이듯, 우리가 그리스도로부터 말미암은 존재라면, 예수님 덕에 살아가는 존재라면 이렇게 불러야 하지 않을까 싶습니다. 만약 우리가 그리스도로부터 나온 그리스도 가락이며 예수 가락이라면 우리의 두 눈에 그득한 것이 천국이어야 합니다. 천국을 바라볼 수 있어야 합니다. 이렇게 천국을 바라보는 것은 대단한 것을 추구하는 것이 아닙니다. 예수님께서 비유를 통해, 아주 사소한 소재들을 통해 이 세상에 없음직한 천국을 말씀하셨듯, 우리의 두 눈에 천국이 그득해야 한다는 말은 너무나 평범해 잘 보이지 않는 것들을 통해서도 대단한 천국을 발견해야 한다는 말입니다.

집에 들어갑니다. 천국을 발견합니다. 아이들을 바라봅니다. 천국을 발견합니다. 오고 가는 대화 속에서 천국이야기를 듣습니다. 때로는 화낼 일도 있고 눈살 찌푸릴 일도 있지만, 그 평범한 일상 속에서 천국을 발견합니다. 그리고 감격합니다.

"하나님의 나라가 이곳에 있었군요! 천국이 바로 이곳이었군요!"

성성 누가복음 17장에 보면 바리새파 사람들이 예수님을 찾아가는 이야기가 나옵니다. 이들이 궁금했던 것은 천국이 언제, 또 어떻게 임할 것인가였습니다. 그때 예수님은 이렇게 말씀하셨습니다.

> 하나님의 나라는 볼 수 있게 임하는 것이 아니요 또 여기 있다 저기 있다고도 못하니 하나님의 나라는 너희 안에 있느니라
>
> (눅 17:20-21)

"하나님 나라가 우리 안에 있다"는 그의 선언은 하나님 나라에 대한 균형(tension) 안에서 이해되어야 합니다. '아직 이르지 않은(Not yet)' 다가올 하나님 나라의 속성과 '벌써 임한(already)' 하나님 나라의 특성 사이에서 형성되는 균형 말입니다. 이 균형은 긴장을 이루는 동시에 조화를 이룹니다. 특별히 "하나님 나라가 너희 안에 있다"는 말씀은 균형을 이루는 속성 가운데 후자 쪽의 특성을 언급하신 것이라고 할 수 있습니다.

'이 땅에 이미 이루어진 천국'을 통해 예수님이 말씀하고자 하셨던 것은 크게 두 가지입니다. 첫째, "당신이 만들어 가는 천국을 내게 보여 주십시오"라는 결단의 요청과, 둘째, "당신은 천국을 누리고 계십니까?"라고 현실에서 얼마나 감격을 누리고 있는지 물으시는 질문입니다. 쉽게 말해, '천국이 우리 안에 있다'는 의미를 '지금 내가 서 있는 곳을 천국으로 만들어 가야 한다'는 결단으로, '내가 서 있는 곳에 있는 아주 사소한 것에서 천국을 바라보겠다'는 실존적 다짐으로 생각해야 한다는 것입니다. 이렇게 천국을 이해하면 보다 적극적인 의미로 이렇게도 말할 수 있습니다.

"우리가 서 있는 곳이 하나님 나라입니다. 우리가 걸어가는 곳까지가 하나님 나라의 영역입니다."

천국을 만들며, 천국을 느끼며 이 세상을 살아가면 좋겠습니다. 두 눈에 보이는 것들 중 천국 아닌 것이 하나도 없게 말입니다. 천국 같은 감동을 누리며 살아가면 좋겠습니다.

　날마다 똑같은 일의 반복으로 별 흥미도 재미도 없는 날을 '일상'이라 부르곤 합니다. 집으로 들어오는 일상을 보낸 배우자에게 어떻게 지냈느냐 물어보면 아마 대부분 이렇게 답할 것입니다.

　"별일 없었어. 아무 일도 없었어."

　정말 별일이 없었고 아무 일도 일어나지 않았을까요? 물론 귀찮다는 생각에서 별 뜻 없이 한 말일 것입니다. 하지만 일상이 의미 없었다는 반응을 곱씹어 생각할 필요가 있습니다. 하나님께서는 이 땅을 지으시고 좋아하셨습니다(창 1:10,12,18,21,25). 우리 스스로 별것 아니라 여기는 사람들을 지으시고는 '심하게' 좋아하셨습니다(창 1:31). 도대체 얼마나 좋으셨던 것일까요? 춤이라도 추셨을까요? 아니면 노래라도 흥얼거리셨을까요? 참으로 기뻐하셨을 하나님을 떠올려 봅니다.

　기독교인이셨던 시인 천상병 하면 떠오르는 시가 있습니다. 아마도 '귀천'이란 그의 시를 모르는 사람은 많지 않을 것입니다. 저는 시의 감격을 더 많이 누리고자 그의 시집 한 권을 샀습니다. 내심 '귀천'과 같은 시가 많을 것이라 기대하며 말입니다. 제목도 예뻤습니다. **요놈 요놈 요 이쁜놈**. 헌데 시집에 실린 시들 대부분이 실망스러웠습니다. '이게 뭐야!' 싶었습니다. 저는 시에 대한 대단한 안목을 가진 사람이 아닙니다. 하지만 성에 차지 않는 시들뿐이었습니다. 제 말이 틀리지 않다는 것을 보여드리기 위해 그 중 몇 개를 적어 보겠습니다. 읽고 판단해 보시면 좋겠습니다.

〈 책을 읽자 〉

일본이 경제대국으로
세계를 제패하듯 하고 있는 것은
그 이유를 따지면
그들의 독서력이 그렇게 한 것이다.
일본 사람들은
우리나라의 몇 배나 더
독서를 할 것임에 틀림이 없다.
우리나라 사람들도
책을 가까이 하여
독서를 생활화함으로써
우리도 선진국에 끼이도록 하자!

〈 우리 집 진화 〉

드디어 우리 집에 전화를 놓았다.
89년 10월 15일에 놓았는데,
일요일이었는데,
의정부시 전화국은
일요일에도 일을 하는 모양이다.

전화번호는 873의 5661인데,
의정부 전화라는 걸 알아주기 바라오.
낮에는 서울-인사동의 '귀천' 전화
734의 2828로 통화가 된다는 것을
잊지 말아 주기 바라오.

〈 맥주 〉

나는 지금 육십 둘인데
맥주를 하루에 두 병만 마신다.
아침을 먹고

오전 5시에 한 병 마시고

오후 5시에 또 한 병 마신다.

이렇게 마시니

맥주가 맥주가 아니라

음료수나 다름이 없다…

위의 글들이 시처럼 느껴지시는지요? 마치 피자 가게에서 피자를 시켰는데, 뭉텅이 치즈와 밀가루, 각종 야채들을 덩그러니 받아 놓은 느낌입니다. 시라면, 적어도 시라면 어떤 상징과 은유, 비유의 색채가 아름답게 엮여 있어야 하는 것 아닙니까? 그래서 시를 읽으면 생각의 바다에 빠져들기도 하고, 어떤 통찰과 직관에 감동하기도 해야 하는 것 아닌지요? 그런데 천상병 시인의 시들은 담백해도 너무 담백해 어떤 맛도 느껴지지 않습니다. 그의 시 가운데에는 행복을 이야기한 것들도 있습니다. 이 대단한 단어를 그는 이렇게 이야기하더군요. 그의 시, "나는 행복합니다"의 앞부분을 소개하겠습니다.

나는 아주 가난해도

그래도 행복합니다.

아내가 돈을 버니까!

백 번 양보한다 해도 이건 아니지 않나요? 그야말로 철면피다 싶었습니다. 생각이 여기에 이르자 그의 시가 우습게 여겨졌습니다. 서재 한 귀퉁이에 시집을 꽂아두고는 한동안 거들떠보지도 않았습니다. 그러다 우연히 그의 시집을 다시 꺼내들게 되었습니다. 그런데 신기하게도 느닷없이 예수님 생각이 났습니다. 천상병 시인의 시집에서 예수님을 보았습니다. 그리고 시인의 마음을 읽을 수 있었습니다. 그에게 시는 '평범'이었고 '일상'이었습니다. 마치 예수님께서 평범을 천국이라고 말씀하셨던 것처럼….

그는 신문 사설을 읽다가도 시를 생각했습니다. 전화를 놓고 맥주를 마시다가도 시를 썼습니다. 아내가 일하는 모습조차 시가 말하는 행복이라 여겼습니다. 시인의 마음을 읽자 섣불리 판단했던 자신이 부끄러웠습니다. 이 땅에서 천국을 바라보려 애쓰며 살아야 할 목사로서 참 많이 부끄러웠습니다.

예수님처럼, 천상병 시인처럼 살 수 있는 것은 그들이 가진 '창조적 시선' 덕분입니다. 창조적 시선은 본질에 고정된 눈을 일컫습니다. 흔히 고정된 시선은 획일적이고 따분한, 그런 고리타분한 것이라고 생각하기 쉽습니다. 시의 기교보다 본질을 말한 천상병 시인의 시들이 우습게 여겨졌던 것처럼, 눈부신 세상보다 천국을 바라보려 한다면 '예수쟁이들은 언제나 천국이라지.' 하는 비아냥거림을 듣게 될 것입니다.

하지만 세상에서 천국을 바라본다는 것은 창조적으로 살아가는 것을 의미합니다. 눈에 보이는 것에 현혹되기보다 본질을 바라보기 때문입니다. 더 나아가 이 세상 모든 것이 본질과 깊은 관계가 있는 것을 보게 됩니다. 세상이 천국으로 바뀌게 되는 것입니다.

내 영혼이 은총 입어 중한 죄 짐 벗고 보니 슬픔 많은 이 세상도 천국으로 화하도다. 할렐루야 찬양하세 내 모든 죄 사함 받고 주예수와 동행하니 그 어디나 하늘나라 (새찬송가 438장)

시선을 고정시킨 사람을 앞뒤가 꽉 막힌 사람이라고 말할 수도 있습니다. 하지만 앞뒤가 꽉 막힌 사람은 시선이 본질에 고정된 것이 아니라 무엇인가 추구하려는 자신의 욕구에 고정되어 있는 사람입니다. 본질에 고정된 사람은 결코 앞뒤가 꽉 막힌 사람으로 여겨지지 않습니다. 오히려 무언가 숭고한 힘을 느끼게 합니다. 이 힘을 '카리스마(χάρισμα)'라고 이야기합니다. 흔히 '카리스마' 하면 '대단한 힘과 능력을 가진 사람이 위에서 내려 누르듯 꼼짝 못하게 하는 그런 막강한 힘'을 생각합니다. 하지만 '카리스마'는 원래 그런 의미가 아닙니다. 헬라어, 'χάρισμα'의 본래 의미는 '거저 받은 선물이나 부여받은 은총'입니다. 그리고 카리스마의 동사형에는 '카리토(χαριτόω)'와 '카리조마이(χαρίζομαι)' 두 가지가 있는데 '카리토'는 '은총을 베푼다, 축복한다'는 의미이며, '카리조마이'는 '은혜를 값없이 준다, 은혜로움을 스스로 나타낸다, 은혜가 흘러넘친다'라는 뜻입니다. 그러므로 '어떤 이에게 카리스마가 있다'는 말은 '그가 가진 은혜가 흘러넘쳐 내게로 왔으며 그 은혜를 값없이 맛보았다'는 뜻입니다. 이처럼 카리스마는 계급적이거나 억압적 권위라는 말이 아닙니다. 은혜가 갖는 감격적 권위를 일컫습니다. 은혜를 값없이 받았으니 감격입니다. 그 감격이 감동으로 자신에게 넘쳤던 것처럼 다른 사람도 느끼게 도와주는 것, 그래서 그도 감격하게 하는 것, 그것을 가리켜 '카리스마가 있다'고 말하는 것입니다. 목적에 고정된 사람은 세상을 목적으로 이끕니다. 그렇게 살아가는 사람을 꽉 막혔다고 느끼지 않습니다. 오히려 카리스마를 느끼게 됩니다. 이 세상을 목적으로 집중시키는 대단한 힘, 전율과도 같은 은혜가 그에게서 흘러넘치기 때문입니다.

천국을 바라보며 산다는 것은 놀랄 만한 '변형(Transformation)의 순간'을 경험하며 살아간다는 뜻입니다. 세상이 천국으로 변형되는 기적을 경험하는 것, 그것은 무척이나 짜릿한 경험입니다. 이러한 창조적 변형은 천국에 우리의 시선을 고정시킬 때 가능합니다. 예를 들어 예수님께서 비유로 말씀하셨던 것처럼, 세상에서 흔히 볼 수 있는 '자동차'를 '천국'으로 바라본다는 말을 생각해 볼까요?

조금 어려운 말입니다만, 인식론적으로 살펴보기 위한 첫걸음은 자동차라는 우리가 지닌 선인식(先認識), 즉 지적 틀거리를 잠시 유보하는 것입니다. 자동차라는 기계 구조물을 천국으로 누리기 위해서입니다. 그저 '자동차가 자동차이지, 별게 아니다'라는 생각으로는 천국을 바라볼 수 없습니다. 우리가 가진 선인식을 잠시 유보하고 바라보아야 합니다. 이것을 가리켜 우리가 가진 '지적 인식을 모호하게 하는 것'이라고 말합니다.

 이 '모호함으로의 참여'는 해석학의 첫 번째 단계입니다. 모든 것이 정형화되어 있고 구체화되어 있다면 굳이 해석할 필요가 없습니다. 이해만 하면 되기 때문입니다. '이해'라는 것은 내가 지닌 선인식으로 내 앞에 새로이 드러난 것들을 받아들일 것인가, 아니면 받아들이지 말 것인가를 결정하는 지적 체계입니다. 받아들일 수 없다면, '이해 안 된다'고 할 것이고, 받아들일 수 있다면, '이해된다'고 말할 것입니다. 하지만 해석은 이해와 다릅니다. 해석은 앞서 언급한 '변형 경험'을 지향하기 때문입니다. 뻔하디 뻔한 이 세상에서 천국이라는 대단한 경험을 누리기 위해서입니다. 그래서 창조적입니다.

 변형의 순간을 가능하게 하는 창조적인 눈이 있어야 합니다. 창조적인 눈은 곧 역동적인 눈을 일컫습니다. 즉, 적극적이며 다양한 눈으로 바라본다는 말입니다. 그러나 역동성을 갈 곳을 알지 못해 떠돌아다니는 것쯤으로 생각해서는 안 됩니다. 천국이라는 구체적이고 분명한 목적을 향하고 있기 때문입니다. 그래서 고정되어 있으나 창조적이며, 창조적이나 고정되어 있다고 말할 수 있는 것입니다.

한 가지 짚고 가야 하는 것은 창조적이며 역동적인 해석을 위해 우리가 가진 지적 체계를 유보하는 모호함의 경험이 결코 즐겁거나 수월한 일은 아니라는 사실입니다. 전혀 이해되지 않는 미술작품 앞에 서 있다고 생각해 봅시다. 삼사십 분 동안 이해되지 않는 작품 앞에 서 있다는 것은 참 곤혹스러운 일입니다. 그럴 땐 그 작품에 대한 해설서를 보고 싶은 마음이 굴뚝같을 겁니다. 하지만 참아야 합니다. 그 작품을 이해하려고 하는 대신 그것이 내게 무엇을 말하고 있는지를 들으려고 애써야 합니다. 너무 모호해서 바라보기 힘들지라도 찬찬히 그리고 분명하게 바라보아야 합니다. 그리고 기존의 이해에서 벗어나 나의 시선으로 느껴보아야 합니다. 이것을 해석이라고 말합니다.

때문에 해석을 위해선 모호함을 참아내는 용기가 필요합니다. 이 용기는 창조적 변형의 경험을 가능하게 할 것입니다. 하나님께서 천지를 창조하시기 전, 세상은 어둠이있고 혼돈이었습니다. 하나님께서 '빛이 있으라' 하셨고 우리는 이것을 '창조'라고 일컫습니다. 삶의 여정 중 더 이상 갈 곳이 없다고 여겨지는 막다른 골목에 다다랐을 때, '하나님' 하고 불러보는 것이 '믿음'이듯, 창조가 창조다워지려면 혼돈과 아픔의 경험은 필수입니다. 이를 견디려는 용기는 그래서 중요합니다. 모호와 혼란 속에서 천국을 누릴 수 있기 때문입니다.

아름다움 셋_3

살아있게 하라! (Let Everything Be Alive!)

일상과 평범함에서 천국을 발견하듯, 우리라는 존재에서 하나님을 바라보아야 합니다. 이것이 '하나님을 아름답게 바라본다'는 의미입니다. "세상은 늘 똑같아!"라고 하는 것은 아름답게 바라보지 않기 때문입니다. 이것은 세상과 우리가 지닌 아름다움을 상실한 것이 아니라, 아름답게 바라보는 우리의 눈을 감아버렸다는 말입니다. 하늘도, 별도, 산과 들도, 사람도, 세상도 아름답다 말할 수 있도록, 그래서 그것을 조성하신 하나님도 아름답게 볼 수 있도록 감은 눈을 뜨면 좋겠습니다. 그래서 일상을 감격하는, 그런 눈을 유지하면 좋겠습니다. 그렇다면 어떻게 그런 아름다운 눈을 유지할 수 있을까요?

이제 세 편의 시를 읽고 거기에서 어떤 단서를 발견하고자 합니다. 먼서 네이비드 웨이고너의 시입니다. 류시화 시인이 엮은 사랑하라 한 번도 상처 받지 않은 것처럼이란 시집에 등장하는 '별들의 침묵'을 소개하겠습니다.

〈 별들의 침묵 〉

한 백인 인류학자가
어느 날 밤 칼라하리 사막에서
부시맨들과 이야기를 나누던 중
자신은 별들의 노랫소리를
들을 수 없다고 말했다.

그러자 부시맨들은
그의 말을 믿을 수 없어 했다.
그들은 미소를 지으며
그의 얼굴을 쳐다보았다.
그가 농담을 하고 있거나
자신들을 속이고 있다고 여기면서.

농사를 지은 적도 없고

사냥할 도구도 변변치 않으며
평생 거의 아무것도 가진 것 없이 살아온
두 명의 키 작은 부시맨이
그 인류학자를
모닥불에서 멀리 떨어진 언덕으로 데려가
밤하늘 아래 서서 귀를 기울였다.

그런 다음 한 사람이 속삭이며 물었다.
이제는 별들의 노랫소리가 들리느냐고.
그는 의심스런 사람이 되고 싶진 않았지만
아무리 해도 들리지 않는다고 대답했다.

부시맨들은 그를 마치 아픈 사람처럼
천천히 모닥불가로 데려간 뒤
고개를 저으며 그에게 말했다.
참으로 안된 일이라고, 참으로 유감이라고.

인류학자는 오히려 자신이 더 유감이었다.
언제부터인가
자신과 자신의 조상들이

듣는 능력을 잃어버린 것에 대해.

이 시를 읽고 저 역시 인류학자처럼 유감이었습니다. 그리고 부끄러웠습니다. 들리지 않고 들을 수도 없는 그런 소리를 '듣는' 사람들을 원시 미개 종족이라고 생각해 왔으니 말입니다. 당신은 별들의 노랫소리를 들어 본 적이 있으신지요? 이런 이야기를 현실과 동떨어진 이야기라고 여기시지는 않는지요? 혹은 알퐁스 도데의 별에서 뤼브롱 산맥에서 양을 치던 목동이 아가씨와 밤을 지새우며 이야기했던 별 이야기처럼 아스라한 추억과 상념에 빠지게 하는 그런 생각이라며 쓸데없다 여기지는 않으시는지요?

하지만 아무리 들으려 해도 들을 수 없는 별들의 소리를 들을 수 있다면 좋겠습니다. 도대체 별들은 어떤 노래를 부를까요?

어느 교회 청년부 수련회 저녁 특강에 갔다가 돌아오는 길이었습니다. 밤하늘 별들이 너무 예뻐서 차를 세우고 함께 동행했던 아이들에게 물었습니다. 혹시 아이들이 별들의 노랫소리를 들을 수 있을까 궁금했기 때문입니다. 별들의 노랫소리를 들을 수 있느냐고 물어보았더니 큰 애가 이렇게 말했습니다.

"아빠, 무슨 일 있으세요? 요새 힘드세요?"

뜬금없는 별들의 노래 타령에 아이들도 의아했나 봅니다. 재차 확인했지만 시큰둥한 아이들의 반응을 보니 별들의 노랫소리를 듣기엔 우리가 너무 많은 것들을 듣고 있구나 싶었습니다. 문득 우리의 귀가 너무 바빠서 들을 수 있는 노래를 못 듣고 지내는 것은 아닐까 생각했습니다. 그런데 어떻게 부시맨들은 별들의 노랫소리를 들을 수 있었을까요?

두 번째 시입니다. 시인 정호승은 나무에서 어머니 목소리를 듣는다고 했습니다. 그가 쓴 시집, 외로우니까 사람이다에는 '그리운 목소리'란 시가 있습니다.

〈 그리운 목소리 〉

나무를 껴안고 가만히
귀 대어보면
나무 속에서 어머니의 목소리가 들린다.

행주치마 입은 채로 어느 날
어스름이 짙게 깔린 골목까지 나와
호승아 밥 먹으러 오너라 하고 소리치던
그리운 어머니의 목소리가 들린다.

아하! 이걸 아셨는지 모르겠습니다. 나무를 껴안고 가만히 귀 대어 보면 어머니 목소리를 들을 수 있다는 사실을…. 한참 전에 돌아가셔서 더 이상 들을 수 없는 가물가물한 어머니의 목소리를 듣고 싶다면 이렇게 해 보는 것도 좋겠습니다.

시를 읽고 함께 수업을 하는 나이 드신 목사님들과 학교 옆, 아차산에 올라갔습니다. 나무에 귀를 대어 보기 위해서였습니다. 또 한번은 지하철을 타고 광화문 네거리로 나가서 서울시립미술관 쪽 정동 방향 덕수궁 돌담길을 걸었습니다. 주변 가로수들을 껴안고 귀를 대 보았습니다. 서울 한복판에서 그리운 엄마 목소리를 들을 수 있다는 시인의 말에 어렵사리 용기를 내었습니다. 정장차림을 한 중년의 신사들이 한 나무에 서너 명씩 붙어 귀를 대고 있으니 지나다니는 사람들이 우습다는 듯 쳐다보았습니다. 시선을 아랑곳 않고 들어 보았습니다. 잘 들리진 않았지만 젊은 교수의 말에 함께 나무에 귀를 대고 있는 목사님들의 모습에서 하나님 나라를 볼 수 있었습니다.

마지막 시입니다. 시인 함민복은 그의 시, '눈물은 왜 짠가'를 제목삼아 산문집 한 권을 썼습니다. 거기엔 우리 손가락에 담긴 비밀을 적어 놓았습니다. 손가락이 왜 열 개일까요? 시인은 이렇게 말합니다.

　　손가락이 열 개인 것은
　　어머님 뱃속에서 몇 달 은혜 입나 기억하려는

태아의 노력 때문인지도 모릅니다.

저는 알지 못했습니다. 우리 손가락이 열 개인 이유가 엄마 뱃속에서 몇 달 은혜 입는지, 한 달, 두 달, 세 달… 열 달! 이렇게 손꼽아 세었기에 손가락이 열 개란 사실을 알지 못했습니다. 이렇게 볼 수 있는 눈을 가진 시인이 부럽습니다.

이렇게 좋은 이야기를 듣고 제발 고깝게 생각하지 않으면 좋겠습니다. 한번은 강연에서 시를 읽고 우리 손가락이 열 개인 이유였다고 말했더니 어떤 분이 그러시더군요.

"그럼, 칠삭둥이, 팔삭둥이는 손가락이 일곱 개고, 여덟 개입니까?"

세 편의 시를 읽어 보았습니다. 눈치 빠른 당신은 아름다운 눈을 유지할 수 있는 어떤 단서를 찾으셨을 겁니다. 그렇습니다. 그 단서는 바로 바라보는 모든 것을 살아있는 것으로 여기는 것입니다! Let everything be alive! 시인들은 이것을 의인화라고 이야기합니다. 그저 나무고 별이라고, 손가락이라고 여긴다면, 그것들은 단지 우리에게 죽어 있는 피사체에 불과한 것이 아닐런지요? 하지만 바라보는 모든 것을 살아있는 것으로 여긴다면 '그것들'은 '너'라는 인격을 갖게 될 것입니다. 내게 중요한, 참 중요한 그런 인격적 존재가 될 것입니다. 그래서 김춘수 시인은 그의 시, '꽃'에서 이렇게 말합니다.

내가 그의 이름을 불러 주기 전에는
그는 다만 하나의 몸짓에 지나지 않았다.
내가 그의 이름을 불러 주었을 때
그는 나에게로 와서 꽃이 되었다.

내가 그의 이름을 불러 준 것처럼
나의 이 빛깔과 향기(香氣)에 알맞은
누가 나의 이름을 불러다오.
그에게로 가서 나도
그의 꽃이 되고 싶다.

우리들은 모두
무엇이 되고 싶다.
너는 나에게 나는 너에게
잊혀지지 않는 하나의 눈짓이 되고 싶다.

 그의 이름을 불러준다는 것은 내 앞에 있는 그를 살아있는 존재로 여긴다는 말입니다. 그의 가치를 발견하고 그에 대해 감격하고 있다는 말입니다. 어떤 떨림과 기대로 그를 만난다는 반증입니다. 살아있게 해야 합니다. 바라보는 모든 것을 살아있다 여겨야 합니다. 물론 쉬운 일은 아닙니다. 하지만 용기 내보는 것입니다. 그러면 세상이 살아있다는 것을 발견하게 될 것입니다. 비로소 자연을 듣고 보게 될 것입니다.

마찬가지입니다. 하나님의 이름을 불러보면 좋겠습니다. 평범에서, 일상에서 하나님을 불러보는 것입니다. 잘 보이진 않지만, 잘 들리진 않지만 하나님을 누리는 것입니다. 이것이 하나님을 살아있게 하는 것입니다. 우리의 연약함 때문에 이미 싸늘해진 하나님을 살아있게 하는 용기를 가져 보는 것입니다. 죽음 속에서 생명을 발견하고, 어둠 속에서 빛을 발견할 수 있는 이유는 살아있게 하는 용기가 있기 때문입니다. 그러면 원래부터 살아계셔서 온 우주를 운행하시는 하나님을 볼 수 있고 들을 수 있습니다. 비로소 하나님을 만날 수 있습니다.

아름다운 눈은 본질(Nature)에 고정되어 본질을 누리게 합니다. 즉, 본질이 살아있게 합니다. 다시 말해 자연 본래의 가치를 가치 있게 여기는 것입니다. 그러므로 하나님을 살아있게 하는 아름다운 눈은 "자연스러움"에 참여하는 눈입니다.

아름다움 셋_4

자연스럽게 바라보기

'자연스럽다'는 말을 문자적으로 유추해 보면, '자연과 잘 어울린다' 혹은 '자연과 어울려 튀지 않는다'는 말입니다. 더불어 자연스럽다는 말의 사전적 의미는 '억지로 꾸미지 아니하여 어색함이 없다', '무리가 없고 당연하다', 혹은 '힘들이거나 애쓰지 아니하고 저절로 되다'라는 의미입니다. 이 모두를 종합해 보면 '자연스럽다'는 말은 '자연과 어우러져 조화를 이루듯 꾸밈도 어색함도 없는 상태'를 말합니다. 이렇게 자연과 어우러지듯, 꾸밈도 거짓도 없이 하나님을 바라보는 것, 그것이 자연스럽게 하나님을 바라보는 것이며 동시에 하나님을 아름답게 바라보는 것입니다.

자연스럽게 바라보는 것을 인간관계에 적용하면 어떻게 이해할 수 있을까요? 아마 인간관계를 원만히 이루어 가는 것쯤으로 이해할 것입니다. 관계가 원만해지려면 튀어서는 안 되겠지요? 자연과 어울려 튀지 않듯 적당히 어울릴 줄 알아야 할 것입니다. 그렇다면 자연스런 관계를 만들기 위해 적당히 속기도 하고 속이기도 해야 할까요? 사실 그렇게 사는 것이 인생을 둥글둥글 살아가는 것이라고 말할지도 모르겠습니다. 하지만 그렇게 인생을 살아가야 한다고 자신에게 조용히 말해보십시오. 아마도 금방 마음이 무거워질 것입니다. 왜 가슴 한구석에 돌덩이 하나가 놓인 듯 그런 답답함을 느낄까요? 그것은 바로 스스로 느끼고 있기 때문입니다. 그렇게 살아가는 것이 자연스러움이 아닌 '기만'에 가깝다는 사실을 말입니다. 그래서 그렇게 살아가는 것을 자연스럽게 느끼지 못하는 것입니다. 인간관계 역시 자연스러운 것은 '자연스럽다'의 원뜻처럼 꾸밈도 어색함도 없어야 합니다. 오히려 솔직하게 자신을 표현하고 그 솔직한 표현이 상대에게 꾸밈없이 받아들여지는 것. 그것이 아닐런지요. 물론 이런 항의를 받을 수도 있습니다.

"솔직하게 산다구요? 참 이기적이십니다. 그리고 그건 인생을 너무 쉽게 생각하는 것입니다."

"아니 사람이 어떻게 솔직하게만 삽니까? 그렇게 살아가는 사람이 몇이나 되겠습니까?"

이유 있는 항변입니다. 솔직하게 사는 것은 일견 이기적으로 느껴지기 때문입니다. 아파도 아프다 말하지 못하고, 슬퍼도 슬프다 말하지 못하며 그냥 저냥 무시한 채 살아야 하는 것이 우리네 삶 아니겠습니까? 뿐만 아니라 솔직하게 살면 낭패를 경험하기도 합니다. 어떤 사람에게 솔직하게 나를 드러냈는데, 그것을 그가 역이용할 때는 뒤통수를 얻어 맞은 것 같은 느낌을 갖게 됩니다. '괜히 말했다' 싶어집니다. 사실 이런 일들은 비일비재합니다. 그래서 사람들은 어른이 된다는 것을 자신의 속내를 남에게 쉽게 말해주지 않는 사람이 되는 것으로 이해합니다. 정치인들처럼 이중메세지로 자신을 감추며 살아갑니다. 이렇게도 이해되고 저렇게도 말할 수 있는 이중메세지가 자신을 보호할 것이라 믿으며 말입니다. 하지만 그럼에도 불구하고 나를 솔직하게 표현하는 용기가 있으면 좋겠습니다. 그가 나를 이기적이라고 말해도, 그런 나를 이용한다 해도, 그렇게 이용당하는 '바보'가 되어도 솔직하게 살면 좋겠습니다. 그것이 자연스럽게 살아가는 것입니다.

제가 참 좋아하는 작가인, 연탄길, 행복한 고물상의 저자 이철환 작가를 만났습니다. 그는 수줍은 듯 책 한 권을 내밀었습니다. 뭘 그리 잘못한 게 많았는지, 남들은 한 장도 쓰기 싫어하는 반성문을 책으로 썼습니다. 겉장을 넘겼더니, "부끄러움을 용기 삼아 드립니다"라는 글과 함께 곱게 말려 테이프로 예쁘게 붙인 쑥부쟁이 꽃 하나가 눈에 들어왔습니다. 순수하고 진실한 사람답게, 그의 글엔 진정성이 담겨 있었습니다. 찬찬히 글을 읽으며, 반성할 것 많은 세상에서 반성할 것 없는 사람이 이렇게 두꺼운 반성문을 썼다는 사실이 미안하였습니다. 한편으로는 그가 쌓아 올린 진실한 이름을 더럽히는 것 같아 그를 아끼는 팬으로서 아쉽기도 하였습니다. 하지만 '역시 이철환답다'는 생각에, 진솔하고 투명한 그가 있기에, 세상 살 맛이 난다고 느꼈습니다. 반성할 게 많은 저와 같은 사람들이 해야 할 일을 그가 했다는 생각에 진한 고마움을 느꼈습니다.

반성할 것을 찾아내 반성하고자 노력하는 솔직한 이철환 작가처럼 하나님을 만날 때에도, 솔직하면 좋겠습니다. 그래야 자연스럽게 하나님을 만날 수 있기 때문입니다. 무식이 탄로난다고 할지라도, 스스로의 모자람과 더러움에 통증처럼 아픔을 느낀다 할지라도 하나님을 솔직하게 만나면 좋겠습니다. 이리저리 눈치 보며 세련된 모습을 보이고픈 마음을 털어 버리면 좋겠습니다. 솔직하고 투명하면 좋겠습니다.

남의 기도를 엿듣지는 않습니다만 때론 어쩔 수 없이 듣게 될 때가 있습니다. 오래전 일입니다. 새벽기도 시간에 앞에서 기도하시는 한 할머니의 기도를 듣게 되었습니다. 워낙 크게 기도하셨기에 주위에 있던 사람들이 다 들을 수 있었습니다.

"하나님이유, 내 새끼 살려주서유. 노랑 똥을 싸야 하는데, 퍼~런 똥 쌌슈. 다 죽게 됐는디유, 어쩌유. 살려주서유…."

교회 마룻바닥을 치며 손자를 위해 눈물로 기도하는 할머니의 기도를 들으며 제 기도를 미루고 할머니를 위해 기도했습니다. 할머니이 기도가 제 마음에 이르렀기 때문입니다. 아마 하나님도 그렇게 여기셨을 겁니다. 미사여구로 구구절절 치장된 언어에서는 느낄 수 없는 솔직함이 있었기에, 너무나 자연스러운, 그래서 너무나 아름다운 기도였습니다. 솔직하게 기도하는 것이 얼마나 중요한지 그때 처음 알게 되었습니다.

이처럼 솔직하게 살면 좋겠다고 말하는 데는 이유가 있습니다. 솔직해질 때 비로소 '진실'이 살기 때문입니다. '진실이 살아야 한다.' 이건 또 왜 그리 중요할까요? 바로 진실이 살아있어야 할 분명한 이유가 있기 때문입니다. 인간관계에서 진실이 살아있지 못하면 죽어버리는 것이 하나 있습니다. 그것은 사람과 사람 사이의 관계를 이끄는 궁극적 기초인 "신뢰"입니다. 사실 진실과 신뢰는 인간관계에 있어서 공생관계를 이룹니다. 어느 하나가 죽으면 남은 하나도 도저히 살 수 없는 그런 관계입니다. 신뢰기 깨어져 버렸다는 말은 서로에게 진실하지 않았다는 말이며, 서로에게 진실하지 않다는 말은 서로 간에 신뢰가 사라져 버렸다는 말입니다. 진실이 사라진 관계에 신뢰가 설 수 없습니다. 신뢰가 깨어져 버린 관계는 더 이상 관계가 아닙니다. 만나긴 하지만 정말 만나는 것이 아니기 때문입니다. 이미 마음이 멀어졌기에 상대방의 말이 귀에 들어오지 않습니다. 나의 말이 상대방의 귀에 들리지 않듯 말입니다.

에릭 에릭슨(Erik Erikson)도 자신의 심리사회 발달이론의 가장 첫 단계에 '신뢰'를 두었습니다. 신뢰가 형성되지 않으면 인간의 심리 역시 제대로 발달되기 어렵다고 보았기 때문입니다. 결국 신뢰가 사람을 사람답게 형성하는 첫 단추이며 그만큼 중요하다는 것입니다. 그러므로 진실이 살아있어야 합니다. 그래야 신뢰가 활기차게 만들어지기 때문입니다.

신뢰와 아주 흡사한 단어가 있습니다. 신뢰가 인간과 인간 사이의 진실한 관계에서 형성되듯, 하나님과 사람 사이의 진실한 관계에서 만들어지는 것을 "믿음"이라고 부릅니다. 믿음은 기독 신앙에서 가장 중요합니다. 믿음 없이는 신앙생활 혹은 생활신앙의 감격을 누릴 수 없기 때문입니다. 아니, 믿음이 없이는 신앙 자체가 제대로 이루어지지 않습니다. 히브리서 11장 6절은 믿음이 없이는 하나님을 기쁘시게 못한다고 말합니다. 더 나아가 히브리서의 기자는 믿음의 선배들이 어떻게 믿음으로 즐거움을 누리고 살았는지 말해 줍니다. 그들이 어떤 믿음을 가졌는지, 어떻게 믿음으로 자신의 신앙을 지켜냈는지, 믿음이 그들에게 어떤 의미였는지 우리에게 말해 줍니다.

그러면 이 믿음은 무엇에서부터 비롯될까요? 그것에 대한 단서를 신약성경, 로마서에서 찾을 수 있습니다. 로마서 10장 17절은 믿음이 그리스도의 말씀을 "듣는 것"에서부터 비롯된다고 말합니다. 사실 누군가의 이야기를 듣는다는 것은 매우 중요합니다. "그의 생각에 참여한다"는 뜻이기도 하며, "그의 존재에 대해 관심을 갖는다"는 뜻이기도 하기 때문입니다. 더구나 흘러듣듯 듣는 것이 아니라 진정으로 듣는다면 이야기하는 사람은 무척 즐거울 것입니다. 자신의 이야기가 들려졌기 때문입니다.

아우슈비츠에서 비참한 삶을 겪은 후 '의미요법(Logotherapy)'을 주창한 심리학자 빅터 프랭클(Viktor Frankl)이 어느 날 곤하게 자고 있던 새벽 세 시에 전화 한 통을 받았습니다. 전화를 건 아가씨는 프랭클과의 전화 통화 후에 자살하겠다고 말했습니다. 놀란 프랭클은 어떻게든 아가씨를 살려야겠다고 생각했습니다. 그래서 자신이 알고 있는 여러 가지 상담 기술로 아가씨를 위로했습니다. 어떻게 되었을까요? 그의 책, 로고테라피의 이론과 실제 : 의미에의 의지에 실린 이야기는 다음과 같습니다.

나는 그녀가 자살하겠다는 결심을 버리고 살아가도록 하기 위해 갖은 논의를 다 펴 그녀에게 말을 해주었다. 내가 한 시간 동안 그녀와 대화를 나누자 이윽고 그녀는 자살을 하지 않고 나를 만나러 병원으로 찾아오겠다고 하였다. 그러나 그녀가 나를 찾아 왔을 때, 전에 내가 들려준 이야기는 그녀에게 아무런 감동을 주지 못했었다는 사실을 알게 되었다. 그녀가 자살을 하지 않기로 결정한 유일한 이유는 심야에 나의 수면을 방해했음에도 불구하고 내가 화를 내지 않고 참을성 있게 그녀의 말을 들어주었고 이러한 일이 있을 수 있는 세상은 살 만한 가치가 있다는 사실이었다.

자신이 들려준 어떤 말도, 어떤 상담학적 기법도, 자살을 결심한 사람의 마음을 바꾸지 못했다는 사실에 프랭클은 적잖이 당황했습니다. 오히려 듣는 것보다 못하다는 사실에 허탈함마저 느꼈을 것입니다. 또한 듣는 것의 힘을 깨달은 경험이었을 것입니다.

이처럼 듣는 것에는 힘이 있습니다. 왜 그럴까요? 듣는 것이 말을 하기 때문입니다. 무슨 뜻인지 잠시 설명하겠습니다. '듣는다' 는 것은 '그의 이야기에 참여한다' 는 말입니다. 그리고 '그의 이야기에 참여한다' 는 말은 '그의 이야기가 나의 이야기가 되었다' 는 말이며, 동시에 '그의 이야기를 통해 나의 삶과 존재를 비추어 보았다' 는 말입니다. 이것이 '듣는다' 는 말의 의미입니다. 누군가의 이야기를 듣고 이야기가 딱하다고만 느낀다면 그것은 듣는 것이 아닙니다. 이렇게 듣는 것을 일컬어 '동정적 듣기(Sympathetic listening)' 라고 말합니다. 상대방의 이야기를 들으며 그의 이야기가 나의 이야기가 되도록 그의 이야기에 참여해야 합니다. 이것이 진정한 듣기입니다. 이것을 가리켜 '공감적 듣기(empathetic listening)' 라고 합니다.

이렇게 들을 때, 그는 자신의 이야기를 듣고 있는 나를 바라보며 깨닫게 됩니다. '내 이야기가 들려지고 있구나. 이 사람이 내 이야기를 듣고 있구나!' 라고 말입니다. 그러면, 그는 내가 그토록 말하고 싶은 그를 향한 나의 사랑 이야기를 듣게 될 것입니다. 말을 해서 듣는 것이 아니라 그의 이야기를 듣고 있는 나의 진실한 눈빛과 성실하고 진지한 태도를 통해 듣게 되는 것입니다. 그러면 서로가 서로의 이야기를 듣는 '상호-공감적 듣기(Mutual-empathetic listening)'가 이루어집니다. '이 사람은 나에게 정말 관심이 많구나, 나를 정말 사랑하는구나.' 서로에게 그토록 들려주고 싶었던 이야기를 듣는 것입니다. 이것이 '듣는 것이 말을 한다'는 의미입니다.

상호-공감적 듣기, 즉 경청은 진실이 살아있을 때 가능합니다. 나의 이야기를 듣는 그의 태도와 자세가 진실합니다. 진실하게 듣습니다. 그래서 나는 그가 나를 얼마나 사랑하는지 깨닫게 됩니다. 아무 말 하지 않았지만 그가 들려주는 말에서 진실함을 느낍니다. 그래서 나는 그가 하는 무언의 이야기에 귀 기울이게 됩니다. 그리고 드디어 알게 됩니다. 가슴 시린 세상이지만 따뜻함을 느끼게 하는 진실함을 가진 사람이 내 옆에 있다는 것을. 그래서 '세상 살 만하다' 여길 수 있습니다.

좀 전에 언급한 로마서 10장 17절에서 이 책을 기록한 바울은 믿음이 듣는 것에서부터 비롯된다고 말하며 듣는 것의 속성을 언급합니다. 그에 의하면 듣는 것은 그리스도의 말씀을 듣는 것입니다. 그리고 '그리스도의 말씀'을 듣는다는 것은 우리의 논의를 확인시켜 주는 중요한 근거입니다. 그리스도의 말씀이 지닌 속성은 '진실'입니다. 우리를 진실로 사랑하는 예수님, 그 예수 그리스도의 진실함이 말씀 가운데 존재하기 때문입니다. 힘과 권력에 굴하지 않고 우리를 사랑했으며, 우리를 위해 자신의 영광된 보좌를 버리셨으며, 우리가 지닌 죄 문제를 해결하기 위해 우리대신 죽으셨습니다(빌립보서 2:5-8). 예수님께서 말입니다. 그래서 그의 죽으심은 우리에게 눈부신 일입니다. 우리를 사랑했던 그의 진실 때문에 말입니다.

하나님과 사람 사이건, 사람과 사람 사이건, 관계를 만들 때는 '진실함'이 살아 있어야 합니다. 그래야 비로소 믿음과 신뢰가 숨 쉴 수 있기 때문입니다. 이 진실은 기만이 아닙니다. 속이는 게 아닙니다. 가면을 쓰고 그런 척하거나, 아닌 체하지 않습니다. 그래서 진실은 솔직합니다.

아름다움 셋_5

순수하게 바라보기

솔직함은 진실함과 동시에 순수함을 의미합니다. 솔직한 사람이 순수해 보이는 이유가 여기에 있습니다. 그렇다면 '순수함'은 무엇일까요? '순수함'은 '순진함'과 다릅니다. 순진한 것은 정말 아무런 생각이 없는 미숙한 것을 일컫는 말이지만, 순수한 것은 그와 거리가 멉니다. 순수함은 오히려 의지와 잇대어 있습니다. 의미에의 의지를 역설한 빅터 프랭클의 주장과 같이 순수함은 순수하기로 작정한 의지를 일컫습니다. 마치 이를 악물고 "사랑합니다", "아름답습니다"라고 말하듯 말입니다.

순수함은 청결함입니다. 그러나 순수함이 그렇듯 청결함도 때 묻지 않은 순백의 상태만을 가리키는 것은 아닙니다. 어떻게 하면 이기적인 욕구를 채울 수 있는지 알고 있습니다. 적당히 내 것 챙기고 적당히 배부르게 살 줄 압니다. 하지만 그렇게 살지 않습니다. 아무것도 모르는 백치이기에 청결한 것이 아니라 의지와 결단으로 청결함을 누리려 노력하기 때문입니다. 그러므로 순수함은 의지입니다. 단호한 결단입니다.

순수함이 이끄는 정말 중요한 기쁨이 있습니다. 하나님을 바라볼 수 있는 감격을 소유하게 되는 것입니다. 성경 마태복음 5장 8절은 다음과 같이 말씀합니다.

> 마음이 청결한 자는 복이 있나니 그들이 하나님을 볼 것임이요
> (마 5:8)

하나님을 바라봅니다. 삶의 자리에서 하나님을 바라봅니다. 사람들은 아무것도 안 보인다고 말할지라도 나는 하나님을 봅니다. 내가 걷는 한 걸음 한 걸음 속에서, 내가 바라보는 자연과 사람들 속에서, 그 사소한 일상 속에서 하나님을 느낍니다. 심지어 절망스런 현실 속에서, 안타까워 한숨 쉬는 현장 한가운데에서도 하나님을 만나게 됩니다. 이것이 얼마나 큰 기쁨일까요. 하나님이 내 안에, 내가 하나님 안에 살아있으니 말입니다.

평생을 살며 단 한 번도 심심해 본 적이 없었다는 청록파 시인 박두진

신생님은 심심할 겨를이 없었다고 말합니다. 문을 열고 나가기만 하면, 하늘에 떠가는 구름이 자기에게 말을 걸고, 귓가를 스치며 지나가는 바람이 먼 나라 이야기를 전해주었기 때문입니다.

집 안에서도 심심하지 않기는 매한가지였는데, 어느 날은 저녁에 잠을 제대로 잘 수 없었다고 합니다. 집안 거실에 모아 둔 수석들이 서로 저 잘났다고 아우성쳤기 때문입니다. 사실 이 정도 되면 정신병리학에서 말하는 "환청"에 가깝습니다. 환청은 "정신분열증"의 한 증상입니다. 미치지 않고서야 이게 들릴까 싶습니다. 하지만 미쳤다는 비아냥거림에도 아랑곳 않고 들어보는 겁니다. 구름과 바람과 돌들의 이야기에 귀 기울여 보는 것입니다.

시인 박두진의 수석 사랑은 지극했습니다. 그의 유고시집인 당신의 사랑 앞에 실린 연작시 수석영가 가운데 하나를 소개합니다.

〈 함성 〉

덥석 너를 부둥켜안고 함성 지르고 싶다.
얼사 둥둥 너를 둥둥 하늘까지 치올려,
해에 걸고, 달에 걸고, 별에 거는 맹세,
노래보다 울음보다 더 슬프고 신나게,
천방지축 황홀 속에 어질뜨리고 싶다.

와락 당겨 부둥켜안고, 함성 지르고 싶다.

수녀 이해인 시인 또한 그런 귀를 가진 사람입니다. 하루는 수녀원으로 올라가는 발걸음을 제대로 딛지 못했다고 합니다. 길가에 피어난 들꽃들이 향기로 말을 걸어왔기 때문입니다. **향기로 말을 거는 꽃처럼**이란 산문집에서 그는 이렇게 말합니다.

> 어느 땐 바로 가까이 피어 있는 꽃들도 그냥 지나칠 때가 많은데 이쪽에서 먼저 눈길을 주지 않으면 꽃들은 자주 향기로 말을 건네 오곤 합니다. 내가 자주 오르내리는 수녀원 언덕길의 천리향이 짙은 향기로 먼저 말을 건네 오기에 깜짝 놀라 달려가서 아는 체했습니다. "응, 그래 알았어. 미처 못 봐서 미안해. 올해도 같은 자리에 곱게 피어 주니 반갑고 고마워."라고.

이렇게 돌에게, 구름에게, 꽃에게 말을 걸고 이야기를 들었다는 시인들의 이야기엔 공통점이 있습니다. 흔히 생명 없다, 의미 없다 단정한 것에서 생명과 의미를 발견한다는 것입니다. 이것은 그들이 자연으로부터 어떤 진실함을 발견했다는 말이며, 동시에 진실을 발견할 만큼의 눈을 가졌다는 말일 것입니다. 이런 눈을 일컬어 '순수'라고 말합니다. 이러한 순수는 거저 주어지는 게 아닙니다. 순수는 의지이며 결단입니다.

순수는 들어야 할 것을 듣고 보고픈 것을 보게 하는 열정입니다. 그래서 의지와 결단으로써의 순수는 곧 열정입니다. 때때로 순수한 사람을 만나게 됩니다. 그럴 때면 망치로 한 대 얻어맞은 듯 충격을 받게 됩니다. 그의 순수함 속에서 발견되는 어떤 적극적 에너지 때문입니다. 이 에너지를 가리켜 '열정'이라고 합니다. 가난한 고아와 기근에 시달린 사람의 어머니 테레사, 죽음을 넘어선 신앙의 선배 주기철, 평생 주님을 한결같이 전했던 맨발의 최춘선…. 이들의 삶은 순수의 외침이었고 동시에 열정적 표현이었습니다. 이 '열정에너지'가 오늘 우리의 가슴에 절절히 전해오는 것입니다. 그들의 '순수에너지'가 동인(動因)이 되어 가슴에 새겨집니다. 어떻게 살아야 하는지 우리로 결단하게 합니다.

순수에너지는 반드시 어떤 흐름을 갖고 있습니다. 마치 엔트로피(entropy)처럼 말입니다. 곁가지로 흘러가긴 하지만, 이를 좀 더 구체적으로 설명해 볼까요? 흔히 무질서도를 나타내는 열역학 제2법칙을 일컬어 엔트로피 이론이라고 합니다. 조금 복잡한 개념이긴 하지만 한마디로 표현하자면, 모든 에너지 흐름의 방향에 있어 질서는 감소하고 무질서는 증가한다는 말입니다. 조금 더 쉽고 간단하게 표현하겠습니다. 엔트로피 이론을 이해하려면 우선 물리학의 기본 법칙인 에너지 보존의 법칙을 이해해야 하는데요, 아시다시피 에너지는 사라지거나 없어지는 것이 아니라는 것입니다.

폭포를 생각해 볼까요? 폭포는 일종의 위치에너지입니다. 그러나 폭포 아래의 물레가 폭포 물줄기에 의해 돌고 있다면, 폭포라는 위치에너지가 물레를 돌리는 운동에너지로 변환되었다는 말입니다. 물레가 돌아 모터가 돌게 되었다면 운동에너지가 전기에너지로, 또 그 모터에 연결된 전구에 불이 들어온다면 전기에너지는 빛에너지로 전환된 것입니다. 빛에너지는 열을 발산시키겠죠? 그러면 빛에너지는 열에너지로 전환된 것입니다. 이렇듯 에너지는 사라지는 것이 아니라 전환되거나 보존된다는 것이 에너지 보존의 법칙이며 이것을 열역학 제1법칙이라고 합니다.

그런데 이렇게 에너지가 변환되다보면 모든 물체가 가진 에너지의 합은 일정하더라도, 에너지가 감소하는 것처럼 여겨집니다. 왜냐하면 산꼭대기의 옹달샘이 흘러 바다까지 이르렀다면 에너지가 한쪽으로 몰린 것처럼 여겨지는데 일종의 에너지 정체처럼 보이기 때문입니다. 이러한 에너지 소모적 흐름을 일컬어 열역학 제2법칙, 엔트로피이론이라고 부릅니다. 그런데 이 소모적 흐름에는 하나의 법칙이 존재합니다. 에너지는 반드시 높은 곳에서 아래로, 밀도가 높은 쪽에서 낮은 쪽으로 평형상태를 유지하기 위해 흘러간다는 것입니다.

물에 잉크를 넣었다고 생각해 보시면 됩니다. 자연 상태로 둔다면 물과 뒤섞인 잉크를 따로 분리할 수 있는 방법이 없습니다. 증가할 대로 증가한 엔트로피를 감소시킬 방법은 없을까요? 간단합니다. 에너지를 다시 흐르게 하면 됩니다. 그렇다면 또 다른 물리적 힘이 필요한데, 다행히 우리에겐 태양이란 절대적인 에너지가 있습니다. 화학 구조로 이것을 열린 시스템이라고 합니다. 바다로 모여든 에너지, 즉 증가된 엔트로피는 태양 때문에 다시 활동성을 갖게 됩니다. 일종의 엔트로피 감소입니다. 쉽게 말해, 수증기로 증발되어 새롭게 구름이라는 유동적 위치에너지를 갖게 된다는 것입니다. 하지만 다시 엔트로피는 증가하겠죠? 구름과 구름이 모여들어 비가 되고, 비는 다시 대지를 적시고 흘러갈 것이기 때문입니다.

엔트로피 이론을 통해 "영성의 흐름"도 물리학적인 현상으로 설명할 수 있습니다. 영성에도 어떤 흐름이 있습니다. 이 흐름을 지도하기 위한 작업을 일컬어 '영성 지도(Spiritual direction)'라고 말합니다. 이것은 영적 흐름을 안내받고 싶은 사람이 영적인 멘토를 정기적으로 만나 영적인 인도(Spiritual guidance)를 받는 것을 의미합니다. 영성을 에너지로 생각한다면 멘토(Mentor)와 멘티(Mentee) 사이의 에너지 흐름이 어떻게 형성되고 있는지, 그리고 무엇을 향하고 있는지를 생각하는 것은 참 중요합니다. 그러나 영성의 흐름도 엔트로피처럼 감소하는 것으로 여겨질 것이 분명합니다. 그래서 멘토와 멘티는 영성 나눔을 통해 즐거움을 나누지만 종국에는 평형상태를 이루게 되고, 이것은 일종의 무력감, 혹은 피곤함으로 나타나게 될 것입니다. 그러나 엔트로피 이론에서 열린 시스템을 말했듯, 하나님이란 절대적 에너지가 있기에 걱정할 필요는 없습니다. 하나님께서 우리에게 힘을 주실 것이기 때문입니다. 그렇기 때문에, 하나님께 우리를 맡겨야 합니다. 그래야 비로소 영성 지도에 참여하는 멘토나 멘티, 모두가 날마다 흘러가는 에너지의 흐름을 감격으로 느낄 수 있을 테니 말입니다.

엔트로피 법칙으로 상담의 역동(Dynamics)도 생각해 볼까요? 내가 가진 그를 향한 열정을 그에게 흘러 들어가는 에너지의 흐름처럼 생각할 수 있습니다. 한 가지 분명한 것은 내가 가진 그에 대한 열정이 그가 나를 생각하는 열정보다 크다는 사실입니다. 그렇기에 어떤 흐름을 생각할 수 있는 것입니다. 상담 과정을 통해 상담자가 가진 내담자에 대한 사랑에너지가 내담자를 향해 흘러갈 것입니다. 그러나 이렇게 흘러가서는 결국 평형상태를 이루게 되겠지요? 이것을 상담자 측면에서는 일종의 탈진(Burn-out)이라고 볼 수 있습니다. 즉 엔트로피의 증가입니다. 그러면 증가된 엔트로피를 감소시키기 위해서 이 상담자에게 필요한 것이 무엇일까요? 바로 수퍼비전(Supervision)입니다. 슈퍼비전은 단지 상담지도 감독(Supervisor)에게 상담을 잘하고 있는지 의뢰하고 분석하는 과정만을 말하는 것이 아닙니다. 슈퍼비전은 새로운 에너지를 찾아내는 일입니다. 일종의 재충전의 시간인 셈입니다. 그래서 상담할 때에는 슈퍼비전(Supervision)이 필요합니다. 상담자가 또 다른 상담자를 찾아가 자신이 그동안 했던 상담의 과정을 생각하고 성찰하며, 자기 스스로를 돌보는 일을 의미하는데, 이것을 통해 상담자는 창조적 생각과 새로운 접근법에 대한 아이디어를 갖게 될 것입니다.

그러나 한 가지, 반드시 생각해야 할 것이 있습니다. 엔트로피 이론이란 유비(Analogy)를 '관계(Relationship)'에 대입하기에는 2% 부족하기 때문입니다. 엔트로피 이론에 대입해 영성관계와 상담관계를 생각한다면, '영성 지도자에게서 피지도자로', '상담가에서 내담자로' 라는 방향의 한 흐름만을 인정하게 된다는 취약성을 갖게 됩니다. 사실 '관계'가 의미 있는 것은 '상호성'을 통해 새로운 창조적 에너지를 발견할 수 있기 때문입니다. 상호성은 '내가 살아있듯 그도 살아있다고 여기는 것' 입니다. 반면 엔트로피는 내가 가진 에너지는 감소하는 쪽으로, 그가 가진 에너지는 증가하는 쪽으로 이해하게 합니다. 더불어 종국에는 둘 사이가 평형상태가 형성될 것이라고 말합니다. 그리고 그것을 끝나지 않게 하기 위해 하나님을 추구한다든지, 슈퍼비전을 받는다든지, 엔트로피를 감소시키기 위해 또 다른 힘을 찾아야 한다고 말합니다. 물론 참 중요한 생각입니다. 그러나 이렇게만 생각하면 '나'와 '그' 그리고 '하나님'과 '수퍼바이저' 모두를 분리된 존재인 개별 원소처럼 여기게 됩니다. 따로 떨어져 힘(Energy)만 주고받는 그런 원소들 말입니다. 하지만 '나와 그', '나와 하나님', '나와 수퍼바이저' 모두를 상호성의 그늘 아래에서 생각한다면 엔트로피 이론을 넘어서는 것입니다.

예를 들어, 그가 내게로부터 에너지를 얻게 되었습니다. 그러면 내게 있는 에너지는 감소되고 그에게는 에너지가 증가될 것입니다. 하지만 내가 살아있듯, 그 역시 살아있는 것입니다. 죽은 것이 아니란 사실입니다. 생명은 또 다른 에너지입니다. 살아있다는 것 자체가 에너지입니다.

그래서 힘을 전달받은 그가 힘을 받은 상태로만 있지는 않습니다. 어떤 창조적인 활동을 하게 됩니다. 깨달음이 되었건, 어떤 변형의 경험이 되었건, 어떤 형태로든 창조적이며 역동적인 활동을 하게 될 것입니다. 이것을 가슴에 새겨진 동인(動因)이라 할 수 있습니다. 이것을 통해 어떻게 살아갈 것인지 결단하게 되는 것입니다.

 순수는 하나님의 열정에, 그를 향한 나의 열정에 참여토록 이끌 것입니다. 열정이 무엇일까요? 열정은 생명에너지입니다. 죽을 수 없다는 몸부림입니다. 살아낼 거라고, 그렇게 살아갈 것이라고 다짐하는 힘입니다. 그래서 순수를 생명이라고 말할 수 있습니다. 엔트로피 이론이 주장하듯 내가 그를 만나면, 흐름이 형성되어 에너지가 적은 쪽의 에너지 상승이 있을 것입니다. 때문에 하나님을 찾는 사람들에겐 변형의 순간이, 나를 만나는 그에겐 감동의 순간이 형성될 것입니다. 그러나 에너지 평형의 상태로, 닫힌 에너지 구조로 머무르는 것은 아니란 사실을 알아야 합니다. 순수에너지, 순수하게 만나려는 나의 몸짓이 그를 살게 하기 때문입니다. 변형의 순간 이후 변형적 삶을, 감동의 순간 이후 감격적 삶을 살아내자는 생명에너지의 움직임이 이루어질 것입니다. 더불어 에너지를 전해주려 했던 나 역시 에너지의 소진으로 머물러 있지 않을 것입니다. 에너지를 흘려보낸 그가 살아나고 그의 에너지가 오히려 내게로 흘러올 것이기에 그렇습니다. 그러면 더불어 충만한, 더불어 창조적이며 역동적인 상태가 될 것입니다. 이런 일이 근원적으로 가능한 것은 하나님 때문입니다. 그가 살아계신 생명에너지 자체이시기 때문입니다.
 순수는 생명이기에 뜨겁습니다. 옆에 있는 것만으로도 온기가 느껴집니다. 바로 이것이 순수한 사람을 만나면 '나도 그처럼 살아야지!' 다짐하게 되는 이유입니다.

 한때 우리에게 뜨거움의 대명사로 일컬어지던 것이 있습니다. 바로 연탄입니다. 연탄을 통해 세상을 바라본 많은 사람 가운데 시인 안도현을 소개합니다. 여러 작가들이 연탄을 주제로 쓴 글을 모은 책, 연탄중에서 안도현은 '연탄 한 장'을 통해 이렇게 말합니다.

> 또 다른 말도 많고 많지만
> 삶이란
> 나 아닌 그 누구에게
> 기꺼이 연탄 한 장 되는 것
>
> 방구들 선득선득해지는 날부터 이듬해 봄까지
> 조선팔도 거리에서 제일 아름다운 것은
> 연탄차가 부릉부릉
> 힘쓰며 언덕길 오르는 거라네
> 해야 할 일이 무엇인가를 알고 있다는 듯이

연탄은, 일단 제 몸에 불이 옮겨 붙었다하면

하염없이 뜨거워지는 것

매일 따스한 밥과 국물을 퍼먹으면서도 몰랐네

온몸으로 사랑하고 나면

한 덩이 재로 쓸쓸하게 남는게 두려워

여태껏 나는 그 누구에게 연탄 한 장도 되지 못하였네

생각하면

삶이란

나를 산산이 으깨는 일

눈 내려 세상이 미끄러운 어느 이른 아침에

나 아닌 그 누가 마음 놓고 걸어갈

그 길을 만들 줄도 몰랐었네, 나는

 시인은 연탄을 통해 연탄처럼 살지 못한 자신을 바라보았습니다. 연탄처럼 그 누구를 위해 뜨거워지지도 못했고, 연탄처럼 자신을 산산이 으깨지도 못했다는 시인의 고백은 그만의 고백이 아니다 싶습니다. 저 역시 살면서 연탄처럼 뜨거워지지 못했던 제 자신을 발견합니다. 자기를 온전히 태우기보다 조금 덜 태우려 바동거릴 때가 많았고 부서지지 않으려 애썼던 많은 날들을 생각하며 나도 연탄같이 세상 한번 살아보자 다짐해 봅니다.

조금 무식한 얘깁니다만, 처음 시인 안도현의 시를 읽을 땐 '이 친군 노래만 잘하는 게 아니라 글재주도 여간 아니구나' 생각했습니다. 그런데 가만 보니, 노래하는 친구는 안도현이 아니라 윤도현이더군요. 어쨌든, 시인 안도현은 '너에게 묻는다'란 시를 통해 도발적으로 우리에게 묻습니다.

> 연탄재 함부로 발로 차지 마라
> 너는
> 누구에게 한 번이라도 뜨거운 사람이었느냐

어린 시절, 골목길 집집마다 집 앞에 연탄재가 쌓이곤 했습니다. 자신을 너무 태웠는지 히얗게 질려 버린 연탄재를 보면 스트레스 해소용으로 그만이다 싶을 때가 많았습니다. 발길질도 하고, 재미삼아 돌멩이를 던져 연탄을 부수기도 했는데, 그 재미가 쏠쏠했던 게 사실입니다. 그런데 안도현 시인은 우리에게 말합니다. 연탄재를 함부로 발로 차지 말라고. 누구에게 한 번도 뜨거워져 본 적 없으면서 누가 누구를 홀대하냐는 것입니다. 짧은 시를 읽으며 덤덤했어야 할 가슴이 심하게 찔렸습니다. 부끄러웠습니다. 앞으론 연탄을 보면서 '나를 봐야겠구나!' 다짐했습니다.

생각해보면, 연탄은 열정입니다. 자기를 기꺼이 희생하고라도 뜨거워지겠다는 일념 하나로 세상을 달구는 연탄처럼 열정을 다해 살아야겠습니다.

일본에 "주켄 공업사"란 중소기업이 있습니다. 이 공업사의 사장은 마츠우라 모토오인데 자신이 공업사를 어떻게 경영하고 있는지, 어떤 방향성을 갖고 일하는지를 자전적 수필로 표현했습니다. 그 책이 주켄 사람들입니다. 이 책의 겉장엔 이 공업사가 가진 세 가지 놀랄 만한 특징이 기록되어 있습니다.

① 세계에서 가장 작은 톱니바퀴를 만드는 회사
② 야쿠자도, 폭주족도 장인으로 만드는 회사
③ 선착순으로 사원을 뽑는 회사

특히 마지막 세 번째는 정말 대단한 특징이 아닐 수 없습니다. 세상에 선착순으로 사원을 뽑다니요! 그런데 책을 찬찬히 읽다보니 왜 마츠우라 모토오 사장이 선착순으로 사원을 뽑았는지 이해가 가기 시작했습니다. 그도 처음엔 실력 있고 유능한 인재를 뽑았답니다. 그런데 이들은 조금 일할 만하면 대우가 더 좋은 직장으로 이직하기에 급급했다고 합니다. 그래서 회사를 자신처럼 생각하고 열정을 다해 함께 일할 사람을 찾을 수가 없었다는 것입니다. '어떻게 하면 그런 사람을 찾을 수 있을까?' 고민하던 그가 생각한 해법은 바로 "선착순"으로 사람을 뽑는 것이었습니다.

어떻게 이런 생각을 하게 되었을까요? 사실 단서는 여러 가지가 있지만 그의 책을 읽다 매우 친숙한 이름 하나를 발견했습니다. 마츠우라 사장에게 영향을 준 사람 가운데 길옥윤이란 이름이 있었던 것입니다. 작곡가 길옥윤씨 아시죠? 가수 패티 김과 혜은이가 떠오르는 작곡가 말입니다. 마츠우라는 길옥윤에게 젊은 시절 색소폰을 배웠다고 합니다. 어느 정도 배우게 되자 미군 클럽에서 연주할 기회가 생겼고 선생님 앞에서 갖은 기술과 기교로 색소폰을 연주했다고 합니다. 어깨가 으쓱해져 들어온 마츠우라 모토오, 그런데 선생님이었던 길옥윤은 그에게 이렇게 말했다고 합니다.

"마츠우라, 자네 연주를 듣고 눈물을 흘린 사람이 있나? 아니면 자네 연주를 듣는 사람들이 잊고 지냈던 것을 떠올린다고 생각해 본 적은 있나? 한 사람의 마음에 말을 걸어본 적이 있냐는 말일세."

구체적으로 책에 기록되어 있지는 않지만 아마도 이 말을 들은 마츠우라는 많이 놀랐을 것입니다. 자신이 색소폰을 통해 추구하는 것과 길옥윤이 생각하는 바가 너무 달랐기 때문입니다. '기술과 기교면 된다'고 생각했는데 선생님은 전혀 다른 방식으로 색소폰을 다루고 있었습니다. "마음에 말을 걸듯 색소폰을 연주하는 것." 이것은 마츠우라 사장의 삶을 바꾸는 계기가 되었습니다. 그가 공업사를 세우고 부품을 만들 때에도 기술과 기교로 만드는 것이 아니라 말을 걸듯 부품을 만들고자 했던 것은 길옥윤을 만났기 때문입니다.

마츠우라 사장은 회사를 쉽게 떠났던 유능한 인재들을 바라보며 젊은 날의 자신을 발견했습니다. 기술과 기교에 눈이 멀었던 자신, 그래서 봐야 할 것을 보지 못했던 자신을 말입니다. 마츠우라 모토오에게 필요한 사람은 다른 이의 가슴에 말을 걸듯 부품을 만드는 사람들이었습니다. 그래서 그는 선착순으로 사원을 채용하기로 작정하였던 것입니다. 그는 며칠씩 아니 몇 달씩 회사 앞에 진을 치고 '사원을 뽑는다'는 소식에 가장 먼저 이력서를 넣은 사람이야말로 그럴 수 있는 사람이라고 생각했습니다. 기술과 기교는 사장인 자신이 밤을 지새우고라도 가르칠 수 있다고 생각했습니다.

그는 다른 이의 마음에 말을 걸듯 부품을 만들 수 있는 열정은 쉽게 가르칠 수 없다고 생각했습니다. 그런데, 가만 보니 능력은 떨어지지만 회사에 너무 들어오고 싶어 하는 사람들에겐 뜨거움이 있더라는 것입니다. 더구나 야쿠자로 폭주족으로 인생을 놓은 듯 살던 사람에게도 '새롭게 인생을 개척하고 싶다'는 삶에 대한 뜨거움이 생기면 곧 열정이 된다는 사실을 알게 되었습니다. 결국 뜨거움이 이끄는 회사, 뜨거움이 판치는 회사를 만들기 위해 그는 선착순으로 직원을 채용하는 결단을 내렸습니다.

열정. 말민 들이도 가슴 뛰는 단어입니다. 안도현과 마스우라 모토오에게 중요한 것은 열정이었습니다. 연탄을 통해, 그리고 길옥윤의 가르침을 통해, 열정이 이끄는 세상을 바라본 것입니다. 이런 세상을 바라본 사람들은 한결같이 열정이 이끄는 세상을 넓혀가려 애씁니다. 마치 예수님께서 그렇게 하셨듯 말입니다. 자신의 몸을 십자가에 죽여서라도 사랑하는 우리를 살리고자 하신 것, 그것은 그분의 열정 때문이었습니다. 그 열정 때문에 기꺼이 자기를 희생했습니다. 우리가 생명을 누릴 수 있는 세상을 만들고자 말입니다. 그래서 그분은 이 땅에서 천국을 말하셨습니다. 누구도 관심 갖지 않았던 하나님의 나라를 그토록 애타게 말씀하셨습니다. 그래서 그의 두 눈에 천국 아닌 것이 하나도 없었습니다. 천국은 예수님의 열정이 지향하는 세상이었고, 이 땅에서 그가 뜨겁게 그려가고 싶었던 세상이었습니다.

날마다 천국이었으니, 예수님은 참 신명나셨겠다 싶습니다. 열정이 기쁨인 이유입니다. 자신을 태우는 열정이 뭐 그리 기쁘겠느냐 여기실 테지만, 열정은 즐거움을 동반합니다. 보고 싶은 세상을 바라보게 하기 때문입니다. 생각해 볼까요? 연탄이 지향하는 세상은 제 몸에 붙은 불을 다른 연탄에게 나누어 줌으로써 이루어집니다. 그래서 차가운 세상을 뜨겁게 달구는 것입니다. 뜨거워진 세상을 바라보며 누가 제일 즐거워할까요? 아마 연탄일 게다 싶습니다. 자신은 비록 한 덩이 재로 남는다 할지라도 말입니다.

다른 이의 마음에 말을 걸기로 작정하고 살아가는 마츠우라 모토오에게도 지향하고픈 세상이 있을 것입니다. 그래서 기술과 기교보다는 서로의 마음에 말을 걸고 싶다는 열정으로 가득한 세상을 만들어 갈 것입니다. 그때 느끼는 행복은 아마도 만들어 가는 사람만이 알 것입니다. 열정이 지향하는 세상을 만들며 느끼는 즐거움은 만드는 이의 것이기 때문입니다.

스타벅스 제2의 창업자인 하워드 슐츠의 글을 읽고 충격을 받았던 때가 있었습니다. 화장실에서 그의 책, 스타벅스, 커피한잔에 담긴 성공신화를 읽던 저는 한동안 일어설 수 없었습니다. 적나라하게 표현하자면, 엉덩이에 찍히는 변기 자국보다 더욱 선명하게 머리에 새겨진 것이 있었기 때문입니다.

나는 그것이 얼마나 힘든 것인가를 알고 있었다. …고든과 나는 밀라노와 베로나에 있는 거의 500군데의 에스프레소 바를 들러 그 특징들을 메모하고 사진을 찍으면서 바리스타들이 손님을 대하는 모습들을 비디오 카메라에 담았다. 우리는 각각의 에스프레소 바에서 독특한 습관, 메뉴, 실내장식, 그리고 에스프레소 만드는 기술을 관찰했다. 우리는 수많은 종류의 커피를 마시며… 환상적인 식사를 즐겼다.

"즐.겼.다"는 그의 밑에 제 자신에 대한 부끄러움을 느꼈습니다. 장사하는 사람을 우습게 여기지 않습니다만, '커피 팔려고 이렇게도 하는데…'라는 생각에 약이 올랐습니다. 세상에 커피 장사하자고 다른 나라 다방 500군데를 돌아다녔다는 사실이 믿겨지지 않았습니다. 게다가 그 많은 곳을 돌아다니며 수많은 종류의 커피를 마시며 환상적인 식사를 즐.겼.다.니요!

생각건대, 하워드 슐츠에겐 아마 커피만 보였을 겁니다. 자기가 좋아하는 커피가 그득한 세상을 살았을 것입니다. 수많은 커피를 마시며 몸속에 쌓인 카페인 때문에 며칠 밤 뜬눈으로 지샜다 해도 즐거웠을 것입니다. 잠을 못 자 빨개진 눈을 하고 돌아다녀도 그토록 좋아하는 것을 즐기며 커피가 판치는 세상을 살았을 테니 말입니다.

하워드 슐츠의 글을 읽으며 섬 시인이라 불리는 이생진 시인이 생각났습니다. 평생 섬만 돌며 글을 지었던 시인입니다. 그의 시집 저 **별도 이 섬에 올거다**에 실린 '거문도 저 구름아'란 시를 소개합니다.

> 아버지가 나더러
> "너, 섬에 가서 뭐하니"하고
> 따지는 아버지가 계셨다면
> 나는 그 버릇을 벌써 버리고 말았을 것인데

실속 없이 멍하니 하늘만 보다가

지금은 수평선으로 내려왔지만

하루 종일 풀밭에 누워 하늘만 보다가

하늘이야 어디나 있는 것 하고

부정하려 해도 부정할 수 없는 처지에 이르렀다

아니다 예까지 온 구름은 다르다

떠가는 저 구름

내가 투자하고 싶은 부동산(浮動産)은 바로 저거였다

이제부터 중개사를 만나야지

평생 벌어 구름 샀는데

지금 팔면 얼마나 나가겠느냐고 물어봐야지

이 허망한 짓을 어머니가 미리 아셨다면

얼마나 실망하셨을까

논 팔아 구름 샀다고

내겐 그러실 어머니가 안 계시다

어머니가 계셨으면 절대로 구름을 사지 말라고

예까지 따라와 말렸을 거다

나는 구름에 저박은 돈이 수천만 원에 달한다
그래도 허망하지 않다
시에서는 늘 허망하다고 하는데 사실은 그렇지 않다
집 팔아 구름 사길 잘했다

　이생진 시인이 평생 투자하고 싶었던 부동산(浮動産)은 구름이었습니다. 뜬구름 부여잡듯 살았던 사람이기에 허망한 것을 추구하는 사람이라 손가락질 당했을 것입니다. 그러니 부모님께서 살아계셨다면 쫓아와 자신을 말렸을 것이라고 합니다. 하지만 결국 시인에게는 그렇게 살아온 자신이 허망하지 않습니다. 오히려, "집 팔아 구름 사길 잘했다"고 즐거워합니다. 그러고 보면, 이생진 시인도 엄청난 양의 커피를 마셨어도 좋아 죽을 뻔했다는 하워드 슐츠와 다를 바 없다 싶습니다.
　저도 이렇게 살자고 마음먹을 때가 많았습니다. 처음 이 시를 미국에서 공부하며 만났습니다. 이생진 시인처럼 누리며 살면 좋겠다고 기도할 때가 많았습니다. "집 팔고, 내 청춘 팔아 신학하길 잘했다." "시간 팔고 힘 팔아 상담하길 잘했다." 사실 무엇을 위해 또 다른 무엇을 아낌없이 버릴 수 있다면, 그리고 그렇게 살아온 자신을 누리며 즐거워할 수 있다면 얼마나 행복할까요? 설령 세상이 알아주지 않는다 할지라도 혼자는 좋아죽을 게다 싶습니다.

하나님을 아름답게 바라보는 것의 의미는 이렇습니다. 바로 온 세상 구석구석을 하나님의 나라로 바라보며 살아가는 것입니다. 이렇게 살아갈 때 사람들은 우리를 '뜨겁다' 여길 것입니다. 우리가 가진 그 무엇에 대한 열정이 뜨거움처럼 그들에게 전달되기 때문입니다. 그들이 뜨거움을 느끼듯 세상이 뜨거워지면, 뜨거워진 세상에서 살아가는 형언할 수 없는 기쁨을 맛보게 될 것입니다. 그 뜨거운 세상이 곧 하나님께서 통치하시는 세상, 하나님의 나라이니 말입니다. 즐거워 펄쩍펄쩍 뛸 일입니다. 아무것도 없었던, 하지만 하나님이란 뜨거움을 소유한 선지자 하박국처럼 말입니다.

비록 무화과나무가 무성하지 못하며 포도나무에 열매가 없으며 감람나무에 소출이 없으며 밭에 먹을 것이 없으며 우리에 양이 없으며 외양간에 소가 없을지라도 나는 여호와로 말미암아 즐거워하며 나의 구원의 하나님으로 말미암아 기뻐하리로다 주 여호와는 나의 힘이시라 나의 발을 사슴과 같게 하사 나를 나의 높은 곳으로 다니게 하시리로다 (합 3:17-19)

꽃보다 아름다운 사람이야기

자주 흔들리고 쉽게 부러지는
연약하기 그지없는 사람이라는 꽃,
그러나 본질만은 아름답고 사랑할 수밖에 없는,
꽃보다 아름다운 사람이야기

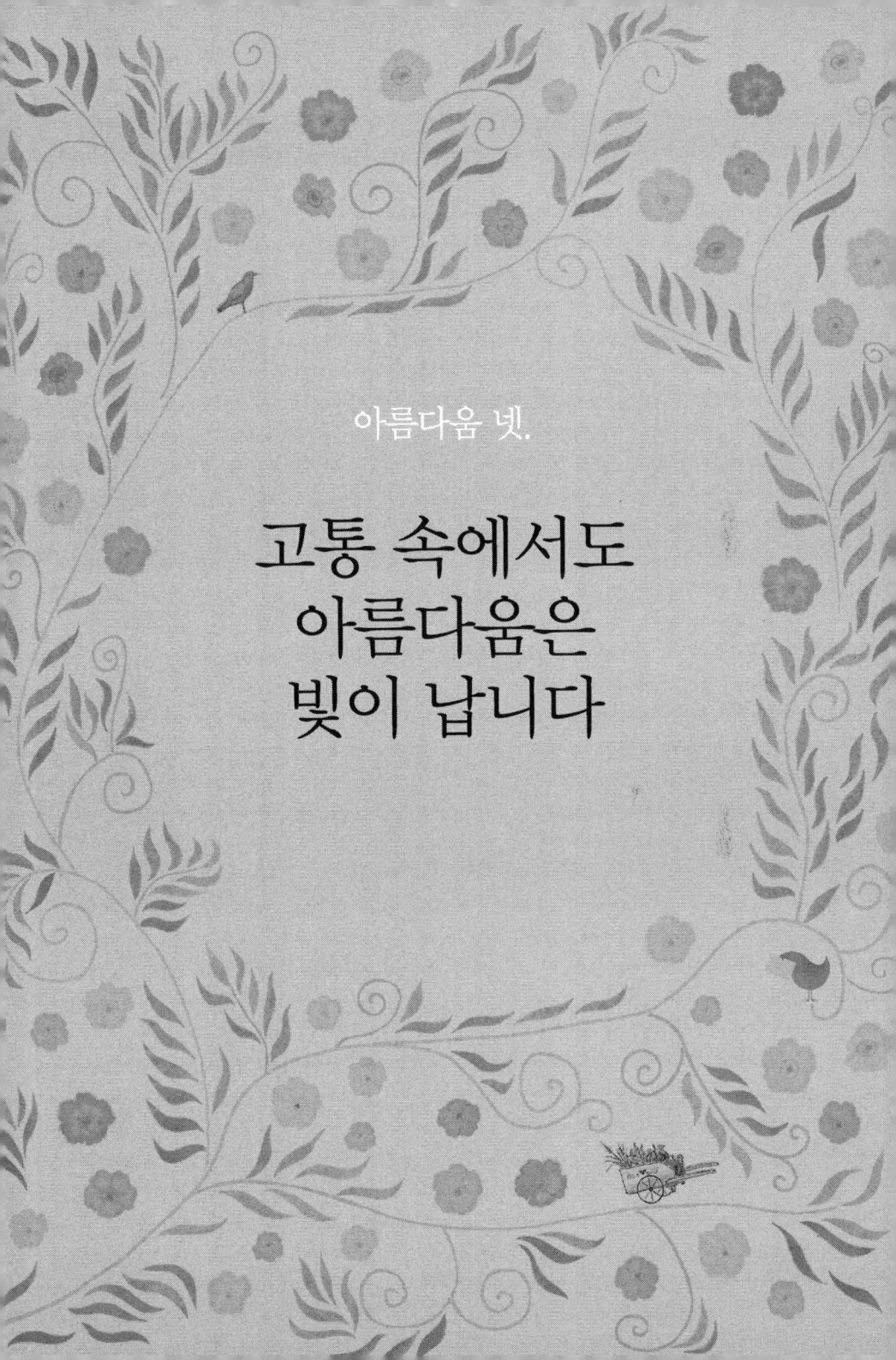

아름다움 넷.

고통 속에서도 아름다움은 빛이 납니다

아름다움 넷_1

연약함은 아름다움입니다

하나님도 사람도 아름답게 바라볼 수만 있다면, 그 즐거움은 이루 말할 수 없을 것입니다. 그러나 아름답게 바라본다고 고통과 한숨이 사라지는 것은 아닙니다. 슬픔과 아픔이 사라졌기에 아름답게 바라보는 것도 아닙니다. 오히려 아픔의 현장에서 아름답게 바라보는 것, 그것은 아픔 때문에 아름답게 바라보는 눈을 잃지 않겠다는 의지입니다.

고통은 사라지지 않습니다. 그것은 우리가 살아있다는 또 다른 증거이기 때문입니다. 살아있는 인간이기에 문제를 만나고 당황해 하는 것입니다. 하지만 문제를 만나도 너무 가슴 아파하지 않으면 좋겠습니다. 문제를 회피하라는 것도, 없는 듯 잊으려 억압하거나 다른 생각으로 대치해 보라는 것도 아닙니다. 다만 문제를 누려보면 좋겠다는 것입니다. 문제를 어떻게 누릴 수 있냐고 항의 할 지도 모르겠습니다. 하지만 문제는 우리의 모습입니다. 연약하니까 사람입니다. 때문에 연약함은 우리의 단점도 약점도 아닙니다. 오히려 우리를 우리답게 만들어 주는 우리들만의 특징입니다.

시인 정호승은 자신의 시집 외로우니까 사람이다에서 우리에게 이렇게 말합니다. 그의 시는 연약한 우리의 모습을 누린다는 의미를 깨닫게 합니다.

〈 내가 사랑하는 사람 〉

나는 그늘이 없는 사람을 사랑하지 않는다.
나는 그늘을 사랑하지 않는 사람을 사랑하지 않는다.
나는 한 그루 나무의 그늘이 된 사람을 사랑한다.
햇빛도 그늘이 있어야 맑고 눈이 부시다.
나무 그늘에 앉아
나뭇잎 사이로 반짝이는 햇살을 바라보면
세상은 그 얼마나 아름다운가.

나는 눈물이 없는 사람을 사랑하지 않는다.

나는 눈물을 사랑하지 않는 사람을 사랑하지 않는다.
나는 한 방울 눈물이 된 사람을 사랑한다.
기쁨도 눈물이 없으면 기쁨이 아니다.
사랑도 눈물 없는 사랑이 어디 있는가.
나무 그늘에 앉아
다른 사람의 눈물을 닦아주는 사람의 모습은
그 얼마나 고요한 아름다움인가.

   태생적 연약함이 있기에 오히려 우리는 아름답습니다. 그래서 부끄러워할 필요가 없습니다. 연약함이 드러난 그를 부끄러워할 필요도, 그 앞에서 드러난 나를 부끄럽다 자책할 이유도 없는 것입니다. 오히려 그의 연약함에서 나를 보고, 나의 연약함으로 그의 연약함을 보듬어 주면 좋겠습니다. 우리 모두는 연약한 사람이라고 말해주면 좋겠습니다.

   스위스의 내과의사이자 상담가였던 폴 투르니에는 그의 책, **강자와 약자**를 통해 분명히 말합니다. 이 세상엔 영원한 강자도, 영원한 약자도 존재하지 않는다고. 생각해 보면, 그의 말이 옳다는 것을 인정할 수 있습니다. 아무리 약한 사람도 어떤 이에겐 강한 존재로 군림하고, 아무리 강한 사람도 그 누구 앞에 서기만 하면 한없이 약해지기 때문입니다. 그래서 투르니에는 강자와 약자라는 개념은 절대적이지 않다고 주장합니다. 오히려 우리 모두는 연약한 존재이며 그 연약한 존재가 때로는 강한 반응을, 때론 약한 반응을 보이며 살아간다고 말합니다. 그래서 강한 반응이든 약한 반응이든 우리 모두가 연약하다는 인식의 틀 안에서 사람을 이해해야 한다고 이야기합니다. 그리고 저 역시 사람이 연약하다는 그의 말에 공감합니다.

예전에 '방방이'라는 놀이기구가 있었습니다. 오십 원, 백 원을 내고 용수철 그물 위를 뛰어노는 트램플린(Trampoline) 말입니다. 우리 모두가 트램플린 위에 서 있다고 생각해 보면 좋겠습니다. 나는 가만히 있고 싶습니다. 다른 사람들에게 건드리지 말라고 말합니다. 하지만 내 옆에 있는 사람들이 뛰기 시작합니다. 내 가족이 뜁니다. 직장 동료가 뜁니다. 같이 신앙생활을 엮어가던 교우가 뜁니다. 이러면 나도 같이 뛰어야 합니다. 뛰지 않으면 나도 넘어지기 때문입니다. "무슨 일이래? 어머나, 어쩜!", "어떻게 하지? 뭘 해야 하지?", "도대체 왜 내게 이런 일이 있는 거야!" 함께 분주해 합니다. 함께 어려워하며 함께 힘들어합니다. 우리는 이렇게 연약한 사람들입니다.

상담 현장에 있다 보면 간혹 오해를 받을 때가 있습니다. 사람들이 상담자에 대해 갖는 오해와 편견입니다. '상담자에겐 문제가 없을 거야.', '저 상담자는 자신의 문제를 이미 다 해결했을 거야.' 때론 상담자 역시 이런 자아도취에 빠지기도 합니다만, 한 가지 분명한 사실은 우리 모두가 연약하다는 것입니다. 그러므로 '상담자인 그는 안전하고 좋은 자리에 있고 내담자인 나는 무너지는 자리에 있다'는 생각을 버려야 합니다. 옳은 생각은 '그도 나도 다 무너지는 자리에 있다'는 생각입니다. 우리 모두가 다 물에 빠졌습니다. 상담에 찾아온 나만 물에 빠진 것이 아니라 상담자인 그 역시 말입니다. 우리 모두는 연약한 존재입니다.

그러나 이것이 다일까요? 아닙니다. 우리 모두 물에 빠졌다면, 그럴 수밖에 없는 연약한 존재라면, 빠진 상황 때문에 좌절할 필요는 없는 것입니다. 함께 살려고 노력해야 합니다. 그대로 죽는 것이 아니라 살 방법을 찾아야 합니다. 조금이라도 힘이 남은 사람이 힘을 잃은 사람을 붙잡아야 합니다. 나보다 물을 더 많이 먹어 정신까지 잃은 그를 놓지 않아야 합니다. 잡은 손을 부여잡고 빠진 물에서 함께 살려고 노력해야 합니다. 트램플린 위에서 옆에 있는 사람이 뛰면 나도 뛰어야 합니다. "저 사람이 뛰는데, 왜 내가 뛰어야 돼? 날 내버려두라구!" 짜증내지 않고 함께 뛰는 것입니다. 함께 뛰며 그의 손을 붙잡는 것입니다. 행여 넘어지지 않기 위해서입니다. 이렇게 우리 모두 손을 잡고 뛴다면 누구도 넘어지지 않을 것입니다. 설령 정신없이 뛴다고 할지라도 마주잡은 손으로 오히려 든든함과 위로를 느낄 것입니다. 때론 즐거움마저 느낄 것입니다.

연약함 때문에 우리 모두가 하나가 된다면 우리가 가진 연약함 역시 아름다운 것입니다. 연약함 때문에 누군가를 만나고 의지하며, 그 누군가와 조화를 이루어 가기 때문입니다. 그러므로 연약함이란 우리가 가진 약점이나 단점이 아닙니다. 오히려 아름다움입니다. 연약함은 우리의 아름다움을 방해하는 것이 아니라 오히려 우리를 아름답게, 빛나게 하는 재료입니다.

여기엔 분명한 이유가 있습니다. 바로 하나님께서 사람을 자기의 형상대로 창조하셨기 때문입니다(창세기 1:27). 하나님은 우리를 창조하시고 심히 기뻐하셨습니다. 그런데 이상하지 않으세요? 우리를 지으신 하나님께선 완전하신데, 창조되어진 우리는 불완전합니다. '하나님, 성격 참 고약도 하시지!' 하는 발칙한 생각마저 듭니다. 우리를 불완전하게 지으신 하나님께서 '심하게' 좋아하셨다고 성경이 말하기 때문입니다.

역설입니다. 완전하신 하나님이 만드셨다면 완전무결하여 볼수록 완벽하고 온전해야 할 텐데, 우리에겐 시간과 공간의 제약을 받는 연약함이 있습니다. 결단코 완전해질 수 없는 그런 존재입니다. 하나님께서 실수하셨다구요? 그러나 하나님은 실수가 없으신 분입니다. 그렇다면 생각할 수 있는 것은 단 한 가지, 하나님께 어떤 뜻, 즉 어떤 의도가 있으셨다는 것입니다. 분명 무슨 뜻이 있으셔서 일부러 우리를 완전하지 않게 만드셨다는 것입니다. 그렇다면 하나님은 도대체 무슨 생각으로 이처럼 한계를 가진 존재로, 그래서 현실의 문제 앞에서 한없이 작아지는 존재로 우리를 지으신 것일까요?

더 이해할 수 없는 두 번째 역설은 우리를 이렇게 연약한 존재로 만드시고는, 우리더러 거룩하라고(레위기 11:45), 내가 완전한 것같이 너희도 완전하라고(신명기 18:13) 말씀하셨다는 것입니다. '하나님, 요구할 걸 요구하세요.' 도대체 이 역설을 어떻게 이해해야 할까요?

70인 역본에서 20여회 등장하는 히브리어의 '완전하다' 라는 단어는 '텔레이오스' 입니다. 이 말은 '텔로스' 에서 유래했으며, 주로 히브리어 샬렘(온전하다, 완전하다), 탐(완성한, 완전한, 건전한)이란 어형들의 역어로 사용되었습니다. 이 헬라어 '텔레이오스(teleios)' 는 주로 '의롭다' 라는 의미의 '디카이오스(dikaios)' 와 '디카이오쉬네(dikaiosyne)' 와 쌍으로 나타나기도 합니다. 즉 '완전하다' 는 '의롭다' 의 의미와 멀지 않은 단어인 것입니다. 바로 이것 때문에 예로부터 사람들은 하나님 앞에서 완전해야 한다고, 의로워야 한다고 생각해 왔습니다.

예수님 당시에도 종교 지도자들이 자신의 의로움을 드러내고자 노력했던 것은(누가복음 10:29, 18:9) 하나님 앞에서 완전해지고자 했기 때문입니다. 그러나 바울의 평가에 의하면 "그들은 하나님의 의로움을 알지 못하고 자기의 의로움을 세우려고 애쓰면서, 의롭다고 인정받는 하나님의 방법을 따르지 않았습니다.(롬 10:3)" 그렇다면 성경이 말하는 '완전함과 의로움의 의미' 는 무엇일까요?

누가복음에 나오는 '바리새인과 세리의 비유(18장 10-14절)' 가 그 단서를 제공해 줍니다. 본문에서 바리새인은 당시 종교 지도자들의 종교 전통을 따라 자신의 완전함, 즉 자신의 의로움을 보이고자 했습니다. 하나님께서 완전하라고 명령하셨기 때문입니다. 그래서 그는 하나님의 임재 앞에서 자신이 어떻게 완전한 존재인가를 표현했습니다.

> 바리새인은 서서 따로 기도하여 이르되 하나님이여 나는 다른 사람들 곧 토색, 불의, 간음을 하는 자들과 같지 아니하고 이 세리와도 같지 아니함을 감사하나이다 나는 이레에 두 번씩 금식하고 또 소득의 십일조를 드리나이다 하고 (눅 18:11-12)

바리새인이 드린 기도의 내용을 한마디로 정리한다면, '획득했다', '가졌다'는 뜻의 'Have' 동사로 말할 수 있습니다. 완전과 의로움을 가지고 있다고 하나님께 보여주고 싶었던 것입니다.

"하나님 나는 일주일에 두 번씩 금식하는 시간을 갖고 있습니다. 나는 십일조 하는 열성도 갖고 있습니다. 토색하지 않는 인격과, 불의하지 않는 정직함도, 그리고 간음하지 않는 순전함도 가지고 있습니다."

그러나 세리는 바리새인과 같은 의로움을 주장하거나 내세울 수 없었습니다. 그는 다만 멀리서서 감히 하늘을 쳐다보지도 못하고 가슴을 치며 이렇게 고백했습니다.

> 하나님이여, 불쌍히 여기소서, 나는 죄인이로소이다 (눅 18:13)

세리가 한 기도는 자기존재의 드러냄, 즉 '존재의 고백'이었습니다. 이것은 하나님 앞에서 존재(Be)로 설 수밖에 없다는 인간의 실존적 고백입니다. 사실 세리의 이러한 '존재의 고백'은 하나님의 자기표현 방식과 흡사합니다. 모세가 떨기나무 불꽃 가운데에서 하나님을 만났을 때, 그는 하나님이 도대체 누구신지, 사람들이 누가 보냈냐고 물으면 무엇이라고 답해야 하는지 궁금해 했습니다. 그때 하나님은 자신을 'Be' 동사로 표현하셨습니다.

나는 스스로 있는 자이니라(I am who I am, 출 3:14)

이는 우리에게 존재로 임재하시겠다는 하나님의 의지의 표현입니다. 아브라함과 이삭과 야곱의 하나님은 오늘 우리의 하나님이십니다. 언제나 우리와 함께 하신다고 약속하셨습니다(이사야 66:22, 마태복음 18:20). 언제나 함께 존재하시겠다는 하나님의 약속이 바로 그의 이름, "I am who I am"입니다.

하나님께서 스스로를 그렇게 이름하셨듯, 세리 역시 'Be' 동사로 스스로를 표현했습니다. "나는 죄인입니다(I am a sinner)." 자기존재의 연약함을 가감없이 고백한 것입니다. 하나님 앞에서 어떻게 우리가 완전할 수 있겠습니까? 그저 우리의 모습 그대로 고백해야 합니다. 그럴 때 기적이 일어납니다. 우리의 연약함이 아름다움으로 인정되는 순간을 맞이하는 것입니다.

　세리의 기도를 다시 한 번 떠올려 보시죠. 놀라운 사실은 예수님께서 세리의 고백에 바로 잇대어 "이 세무원이 저 바리새파 사람보다 의롭다는 인정을 받고 집으로 돌아갔다(눅18:14)"고 말씀하셨다는 것입니다. 예수님께서 말씀하고자 하신 것은 첫째, '의롭다', '완전하다'라고 주장할 수 있는 자격은 우리에게 없고 우리가 할 수 있는 일은 단지 스스로의 존재를 하나님 앞에서 솔직하게 드러내는 것이며, 둘째, 불완전한 존재인 우리가 스스로 불완전성을 고백할 때 비로소 '의롭다'고 불리는 '칭의(稱義)의 은총'을 누리게 될 것이라는 것입니다. 우리는 가질(Have) 수 없는 존재(Be)입니다. 그러므로 우리의 존재를 하나님 앞에 자연스럽게 드러내고 고백해야 합니다. 그것이 존재의 마땅한 태도이며 자세입니다. 그럴 때 하나님께선 우리를 완전하다 인정해 주십니다. 성경의 역설은 이렇게 하나님의 의도를 깨달을 때 풀어집니다. 때문에 우리의 연약함을 인정하는 것은 당연한 것이며, 우리의 연약함을 넉넉히 아름다움이라 여기는 것은 괴변도 억지도 아닙니다. 바로 성경적인 태도이며 자세입니다.

아름다움 넷_2

상처는 별이 되고! (Scars Become Stars!)

　　　　　　삶을 돌아보면, 하나님은 세상이 깜짝 놀랄 만한 기적으로 저를 도우시지는 않으셨던 것 같습니다. 오히려 다를 바 없는 세상이지만 다르게 바라보는 눈을 허락하시는 방식으로 도우셨습니다. 하나님께서 이 상황을 180도 바꿔주신다면 당장 한숨도 그치고 눈물도 마를 텐데, 그렇게 되면 애써 하나님을 바라보지 않아도 하나님을 크게 바라볼 수 있을 텐데 말입니다. 그렇게만 되면, 하나님께서 어디에서 어떻게 일하시는지, 정말 나와 함께 하시는지 발견하려고 충혈된 눈으로 애쓰지 않아도 될 텐데 말입니다.

　　하지만 하나님은 우리의 연약함을 통해 하나님을 바라보기 원하십니다. 보다 분명하게 말하면, 기적을 통해 하나님을 경험하기 보다는 우리의 불완전성에서 하나님을 보는 그런 믿음을 갖기 원하십니다. 이 사실은 하나님의 구원 계획과 그 방식을 살펴보면 더욱 뚜렷해집니다.

성경 누가복음 11장 29-32절에 보면 아주 재미있는 이야기가 나옵니다. 사람들이 모여 있을 때, 예수님께서는 그들에게 이렇게 말씀하셨습니다.

> 무리가 모였을 때에 예수께서 말씀하시되 이 세대는 악한 세대라 표적을 구하되 요나의 표적 밖에는 보일 표적이 없나니 요나가 니느웨 사람들에게 표적이 됨과 같이 인자도 이 세대에 그러하리라 심판 때에 남방 여왕이 일어나 이 세대 사람을 정죄하리니 이는 그가 솔로몬의 지혜로운 말을 들으려고 땅 끝에서 왔음이거니와 솔로몬보다 더 큰 이가 여기 있으며 심판 때에 니느웨 사람들이 일어나 이 세대 사람을 정죄하리니 이는 그들이 요나의 전도를 듣고 회개하였음이거니와 요나보다 더 큰 이가 여기 있느니라(눅 11:29-32)

예수님은 우리가 보기에 정말 대단한 기적들을 행하셨습니다. 불치병을 고치고, 죽은 사람을 살리고, 물위를 걷고 풍랑을 잠잠케 하는 초자연적 기적들 말입니다. 그것 때문에 사람들은 예수님의 뒤를 따라다녔습니다. 자신들의 눈을 의심하게 하는 기적들을 경험하고 싶었기 때문입니다. 하지만 예수님은 그것 때문에 자신을 따라다니는 사람들을 의

도직으로 피해 다니셨습니다. 그래서 혼자 기도하러 산에 오르시기도 하고, 배를 타고 다른 곳에 가시기도 했습니다. 이러한 예수님의 말씀과 행적을 종합해 보면 예수님의 마음을 이해할 수 있습니다. 예수님은 기적 자체인 자신보다, 병을 낫게 하는 능력에 넋이 나간 사람들이 안타까우셨습니다. 기적에 눈이 풀린 사람들을 바라보며 왜 기적의 실상보다 기적의 허상에 더 매료되는지에 대해 답답해 하셨던 것입니다.

하나님의 구원 계획의 구체적 방식은 예수 그리스도의 십자가였습니다. 그러나 십자가를 통한 구원 방식은 굉장히 초라한 것처럼 여겨집니다. 천지를 만드신 하나님입니다. 성경은 하나님께서 말씀으로 세상을 조성하셨다고 증언합니다. 그렇다면 인간을 구원하실 때에도 단 한마디 말씀으로, 대단한 기적으로 행하셨다면 사람들 모두가 하나님을 부정할 수 없었을 것입니다. 하지만 하나님이 선택하신 구원 방식은 그리스도의 십자가였습니다. 이것은 예수님의 제자들도 받아들이지 않았습니다. 예수님께서 제자들에게 세 번이나 고난에 대해 말했지만(마가복음 8:31, 9:31, 10:33-34), 그들은 무슨 말인지 몰랐습니다. 아니, 들으려 하지 않았습니다. 기적에 시선이 고정되어 있었기 때문입니다. 오히려 그들은 자기들 중 누가 더 큰지, 누가 더 인정받을 것인지에 관심이 있었습니다(마가복음 9:34, 10:37).

예수님은 사람들의 시선이 기적에 집중해 있으면 진정한 하나님의 구원 계획을 알기 어렵다는 것을 아셨습니다. 구원은 폼나는 기적이 아닌,

모든 사람들이 더럽다, 악하다, 조롱하고 싫어하는 방식으로 이루어져야 했기 때문입니다. 십자가를 통한 하나님의 구원 방식은 그야말로 난처한 놀라움이었습니다. 그의 뒤를 좇았던 사람들과 제자들의 기대를 완전히 무너지게 하는 방식이었습니다. 기적적 구원을 꿈꾼 사람들에게 십자가라는 사형 형틀을 통한 구원은 당혹스러움이었습니다.

놀란 사람들은 예수님의 나약한 모습에 발걸음을 돌렸습니다. 제자들도 뿔뿔이 흩어졌습니다. 기적이 사라졌다고 생각했기 때문입니다. 이제 기적은 죽었다고 좌절했기 때문입니다.

도대체 왜 하나님은 예수님을 십자가의 고통으로 죽게 내버려 두셨을까요? 더 멋있는 길이 있지 않나요? 하늘을 움직이고 세상을 흔드는 기적같은 것 말입니다. 그러나 하나님은 기적이 사라져야 예수 그리스도라는 진정한 기적이 눈에 보인다는 것을 알고 계셨습니다. 즉 기적이 죽어야 예수가 산다는 것을 아셨습니다.

우리 눈에는 십자가가 보잘것없는 죽은 기적입니다. 그러나 하나님의 구원은 연약함에 있었습니다. 어느 누구도 아름답다 여기지 않는 십자가를 아름답게 하시는 방식으로 말입니다. 그래서 십자가라는 바보같은 기적을 믿는 모두에게 천국과 영생이란 진정한 기적을 허락하셨습니다. 때문에 연약한 십자가를 고백하는 사람들은 예수님이라는 진정한 기적을 소유하게 됩니다. 마찬가지입니다. 우리가 가진 연약함도 믿음으로 고백하면 하나님을 만나게 됩니다. 그러므로 초자연적 기적을 통해서 하나님을 바라보려 애쓰는 것은 하나님의 뜻과는 거리가 있는 듯 여겨집니다. 오히려 우리의 연약함, 우리의 한계, 그 한 가운데에서 하나님을 바라보는 것이 성경적인 것입니다.

제가 사랑하는 작가 이철환은 곰보빵에서 이렇게 말합니다. "아픔, 별이 되다." 그의 표현대로, 그의 푸른 시절은 낮고 작고 초라했습니다. 공돌이란 이름을 들어야 했으며, 싸구려 사과 장수로, 양말 장수로, 무명의 작가로 살아야 했습니다. 하지만 그의 아픔은 아픔으로만 끝나지 않았습니다. 아픔이 별이 되어 그의 책들을 반짝이게 한 것입니다.

우머니스트(Womanist) 앨리스 워커(Alice Walker)는 더 컬러 퍼플이란 책으로 일약 유명 작가가 되었습니다. 퓰리처상을 수상하기도 하고, 스티븐 스필버그라는 이름 난 감독에 의해 그녀의 책이 영화화되기도 하였습니다. 그러나 그녀가 살아온 삶은 아픔이었습니다. 그 아픔의 파편을 자신의 책, 어머니의 정원을 찾아서에 조각조각 실어 놓았습니다. 다섯살 되던 해에 오빠들이 장난삼아 쏜 BB탄 총알에 한쪽 눈을 실명하고 집안의 천덕꾸러기가 되었습니다. 어른이 되고 아이 엄마가 될 때까지 상처난 눈으로 세상을 상처라 여기며 살아야 했습니다. 그렇게 살아가던 어느 날, 세 살배기 딸아이가 가난한 엄마의 상처 난 눈을 유심히 보았습니다. 하기 어려운 말을 쉽게 내뱉는 아이들의 특성을 아는 앨리스는 애써 딸의 시선을 피하려 노력했습니다. 하지만 엄마 얼굴을 붙잡고 눈을 유심히 바라보는 딸을 제지할 수 없었습니다. 그런데 뜻밖에도 딸이 이렇게 감탄하며 말했습니다.

"엄마! 엄마 눈에 지구가 있어요!"

엄마들은 누구보다도 아이들의 말을 잘 알아듣습니다. 앨리스도 자신의 세 살배기 딸이 왜 이렇게 말했는지 짐작이 되었습니다. 최근, 즐겨 보던 텔레비전 프로그램, "커다란 푸른 유리구슬"에서 우주에서 찍은 지구의 모습을 보며 딸이 즐거워했던 것입니다. 순간 울컥하는 감정으로 급히 화장실로 뛰어 들어간 앨리스는 자신의 눈을 찬찬히 바라보았습니다. 상처라 여겼기에 한 번도 제대로 본 적 없었던 눈을 유심히 바라보니 눈에 난 상처가 아메리카 대륙처럼, 허옇게 낀 백태가 구름처럼 보였습니다. 그녀는 한참을 울었습니다. 그리고 그 순간을 이렇게 말했습니다.

바로 그 순간, 내 상처는 지구라는 별이 되었습니다.
Right at that time, my scar became the Earth, the star.

그리고 자신의 책, 맨 앞부분에 짧은 헌정문을 썼습니다. 자신의 상처 난 삶을 별이라 부를 수 있도록 용기를 준 딸에 대한 감사였습니다.

내가 상처로 여겼던 것을
세계로 다시 정의한 딸 레베카에게
이 책을 바칩니다.
To My Daughter Rebecca
who saw in me
what I considered a scar
And redefined it as a world.

좋아하는 찬양이 있습니다. 잘 부르지도 못하면서 가끔 학생들 앞에서 용기 내어 부르는 노래입니다.

약한 나로 강하게
가난한 날 부하게
눈 먼 날 볼 수 있게
주 내게 행하셨네.

호산나, 호산나
죽임 당한 어린양
호산나, 호산나
예수 다시 사셨네.

찬양을 부르며 우리의 시선은 자꾸 '강하게 되었다', '부하게 되었다', '볼 수 있게 되었다'에 맞춰지는 것 같습니다. 약하다는 사실보다, 가난하다는 현실보다, 더 힘주어 부르게 됩니다. 그러나 이 찬양을 부를 때, 우리의 현실을 인정하면 좋겠습니다. 약하고 가난한 현실을 말입니다. 그리고 이렇게 고백하면 좋겠습니다.

나는 약합니다. 가난합니다. 볼 수 없습니다. 이 사실이 바뀌지 않더라도 좋습니다. 기도하고 또 기도했는데 하나님께서 여전히 약하게 하시고, 여전히 가난하게 하시고, 여전히 볼 수 없게 하셔도 좋습니다.

"약함 속에서 하나님을 바라봅니다. 묵묵히 바라봅니다." 이 고백은 가난하고 약하고 볼 수 없는 현실을 그냥 살라는 냉소적 뉘앙스로 하는 말이 아닙니다. 오히려 힘 있는 자세로 하는 말입니다. 현실을 패배적으로 받아들이기보다, 있는 현실을 직면하며 그 안에 계시는 하나님을 발견하고야 말겠다는 의지로 하는 말입니다. 연약한 현실이 연약함이 아님을 연약함을 통해 느끼겠다는 말입니다.

이 찬양의 후렴구 역시 의미가 있습니다.

호산나, 호산나
죽임당한 어린양

호산나, 호산나

예수 다시 사셨네.

후렴구는 죽어야 살게 됨을 말하고 있습니다. 그렇습니다. 연약하지 않으면 강함이 없습니다. 가난하지 않으면 부함도 없습니다. 괴변처럼 들릴 지도 모르지만, 예수님의 죽음 속에 부활이 있듯, 연약함 속에 보화가 있습니다. 그러나 부활의 감격처럼, 이 보화 역시 연약함을 깊이 경험하지 않고는 느낄 수 없습니다.

멀리서 동정하며 바라보거나, 자기의 현실이 아니라고 부정해서는 결코 느낄 수 없습니다. 그러므로 연약함을 누려야 합니다. 그래야 연약함을 통해 또 다른 세상을 맛볼 수 있습니다.

그렇다면 연약함이 열어주는 세상은 어떤 세상일까요? 고전 가운데 하나로 꼽히는 윌리엄 제임스(William James)의 책, **종교적 경험의 다양성** *The Varieties of Religious Experience*을 자세히 읽다보면 연약함이 열어주는 세상이 '바로 이런 것이로구나!' 느낄 수 있습니다.

이 책은 윌리엄 제임스가 스코틀랜드의 에딘버러 대학에서 1901년부터 1902년까지 했던 기포드 강좌(Gifford lectures)의 강의안을 묶어 놓은 것입니다. 그 가운데 네 번째, 다섯 번째 강의의 제목은 "낙관주의적 성품의 종교(The Religion of Healthy-mindedness)"이며, 여섯, 일곱 번째 강의 제목은 "고뇌하는 영혼(The sick soul)"입니다. 물론 윌리엄 제임스는 책에서 인간의 종교적 경험을 어떠한 편견 없이 중립적으로 진술하려 애쓰고 있습니다. 하지만 그의 글을 전후 문맥에 맞추어 생각해 보면 그가 보여 주고자 애쓰는 세상이 있다고 여겨집니다.

강의 앞부분에서 그는 긍정적이며 매사에 능동적인 성품의 종교적 심성을 가진 사람들을 소개하며, 이들이 추구하는 세상을 말합니다. 이들은 우리가 잘 아는 대로 소위 '건강한 마음을 가진 사람들'입니다. 그러나 그 다음 강의에선 반대로 긍정적인 사람들이 바라보지 않으려 하는 세상을 바라보며 살아가는 이들을 소개합니다. 고뇌하는 영혼의 소유자들인 이들을 일컬어 사람들은 세상을 어둡게 만드는 자들이라고 말합니다. 이들이 말하는 세상은 유채색의 선명한 세상이 아니라 무채색의 칙칙한 세상입니다. 그러나 윌리엄 제임스는 고뇌하는 영혼이 바라보는 세상이 오히려 얼마나 아름다운지, 얼마나 역동적인지를 지적합니다. 긍정적이며 매사에 능동적인 것만이 올바른 종교 경험이 아니라 고뇌하는 사람의 종교 경험 역시 중요하고 의미 있는 경험이라 주장하는 것입니다.

제임스의 글을 읽으면서 느낀 독특한 점은 건강한 마음을 가진 사람이 오히려 세상을 폭 좁게 살고 있다는 것입니다. 예를 들어, 건강한 마음을 소유한 사람들은 슬픔을 참을 수 없어합니다. 한숨과 고통은 마치 자기와 상관없는 딴 세상의 단어인 것처럼 여깁니다. 오로지 기뻐하고 즐거워해야 하며, 울고 있는 자신은 자기가 아니라고 부정하며 살아갑니다. 하지만 이것은 세상의 일부만 바라보려는 속 좁은 태도가 아닐는지요. 인간 존재의 현실 중 긍정적인 반쪽에만 무게 중심을 두는 듯 여겨집니다.

반면, 제임스는 고뇌하는 영혼을 가진 사람은 기쁨은 물론, 슬픔도 엄연한 현실로 받아들인다고 주장합니다. 이들은 세상이 기쁘게만 돌아가지 않을 것을 알기에 슬퍼하는 자신도 자기 자신으로 인정한다는 것입니다.

결국 제임스가 우리에게 말하고 싶은 세상은 긍정적이기만 한 세상이 아닙니다. 그는 긍정은 물론 부정적인 세상, 암울하고 슬퍼 잿빛이 감도는 듯 여겨지는 세상도 우리에게 놀랄 만한 깨달음을 줄 수 있음을 말하고 싶었던 것입니다. 종교적 경험은 거룩한 경험입니다. 그 거룩한 경험 역시 부정직이고 슬픈 인간의 현실과 잇대어질 수 있음을 말했습니다. 반드시 성공과 긍정, 이김과 승리를 통해서만이 아니라는 것입니다. 그는 연약함의 한 가운데에서 발견되어지는 거룩한 세상, 그 세상을 우리에게 보여주고 싶었던 것입니다.

그 세상을 보여주고 싶어 했던 사람은 윌리엄 제임스뿐이 아닙니다. 사도 바울 역시 그러했습니다. 그는 사도로서 대단한 능력을 지녔던 사람입니다. 동시에 하나님 나라에 대한 탁월한 집중력을 가졌던 사람입니다. 하지만 그는 자신의 연약함을 잘 알았습니다. 로마교회에 보내는 편지에서 그는 이렇게 말합니다.

> 그러므로 내가 한 법을 깨달았노니 곧 선을 행하기 원하는 나에게 악이 함께 있는 것이로다 내 속사람으로는 하나님의 법을 즐거워하되 내 지체 속에서 한 다른 법이 내 마음의 법과 싸워 내 지체 속에 있는 죄의 법으로 나를 사로잡는 것을 보는도다 오호라 나는 곤고한 사람이로다 이 사망의 몸에서 누가 나를 건져내랴(롬 7:21-24)

또한 믿음의 아들 디모데에게 보내는 첫 번째 편지, 디모데전서에서는 자신을 '죄인 중의 괴수'라고 표현합니다. 이처럼 그는 자기 자신을 솔직히 드러내길 원했습니다. 자신을 은밀하게 감추고 명예를 세우는 방식을 택하는 대신 자신의 치부와 잘못을 드러냈습니다. 자신의 연약함을 통해 일하시는 하나님의 이끄심, 그렇게 허점투성이인 자신을 들어 사용하시는 하나님의 은혜를 말하고 싶었던 것입니다.

종교개혁을 이끌었던 마틴 루터(Martin Luther)의 생애도 마찬가지입니다. 종교개혁은 그가 겪은 아픔과 슬픔의 소산이었습니다. 그것 때문에 하나님을 찾았고, 그것 때문에 하나님을 만났고, 그것 때문에 "오직 믿음, 오직 성경, 오직 은혜"를 외쳤습니다.

우리가 주저함 없이 성자(聖者)라고 부르는 사람이 있습니다. 바로 어거스틴입니다. 하지만 그의 고백록Confessionum을 읽다 보면, 그를 왜 성자(Saint)라고 부르는지 의아해집니다. '이 정도 살았던 사람을 성자라고 한다면 성자라고 불릴 사람 많겠다' 여겨집니다. 글 곳곳에 그의 추한 행실들이 적나라하게 기록되어 있기 때문입니다. 하지만 곰곰이 생각해보면, 그를 성자라 부르는 것이 당연합니다. 왜냐하면 그는 자신의 모든 것을 고백했기 때문입니다. 저나 그나 다를 바 없는 사람이지만 정말 다른 것 한 가지가 있습니다. 저라는 사람은 아마 죽을 때까지 제가 간직한 '나만의 비밀'을 아무에게도 말하지 않을 것입니다. 시시콜콜 살아온 모든 것을 말하고, 감추고 싶은 과거와 잘못을 다 들추어낼 '용기'가 없기 때문입니다. 하나님이 정말 잘해주시면 제게도 그런 일이 생길 테지만, 지금으로선 도저히 상상도 할 수 없는 일입니다. 하지만 어거스틴은 자신을 낱낱이 드러냈습니다. 글로 써서 책까지 냈습니다. 이것은 대단한 용기가 아닐 수 없습니다.

사실 그의 참회록은 그가 아프리카 피포 주교로 있던 5세기 초에 쓰여진 것입니다. 어머니 모니카가 죽은 후 13년이 지나서였으니 적어도 그의 나이 50대 중·후반에 기록된 것입니다. 1500년 전 시대의 사람임을 감안해 평균 연령을 어림잡을 때 아마도 그는 당시 노인의 연령에 해당되었을 것입니다. 일반적으로 노년기엔 돈과 이성에 대한 욕심보다 명예에 대한 욕심이 더 커지기 마련입니다. 명예가 사라지는 것은 자신이 살아온 일생을 부정하는 것과 같기 때문입니다. 사람이라면 누구나 자신의 삶이 의미 있었다고 말하고 싶어 합니다. 때문에 명예에 집착하게 됩니다. 어거스틴의 고백은 그래서 더 의미가 있습니다. 인생의 황혼기에 명예에 집착하기보다 자신이 하나님 앞에서 어떤 존재로 살아왔는지 샅샅이 살펴 낱낱이 드러냈기 때문입니다. 어거스틴 역시 연약함을 통해 하나님을 추구했다는 사실에 많은 것을 느끼게 됩니다.

우리나라에도 성자 어거스틴의 고백 같은 한경직 목사님의 고백이 있습니다. 1990년 그가 종교계의 노벨상으로 불리는 템플턴상을 수상할 때, 그는 노구의 몸을 이끌고 이렇게 고백하였습니다.
"저는 신사참배를 했습니다. 저는 죄인입니다."
그의 고백은 명예로운 자리에서 자신의 명예를 내팽개친 것이나 다름없었습니다. 그에게 중요한 것은 명예가 아닌 하나님 앞에 선 자신이었습니다. 자신의 약함을 통해 바라보았던 하나님이 그의 두 눈에 그득했던 것입니다.

연약함을 통해 바라보는 하나님은 때론 속상하게 여겨집니다. 하나님에 자신을 비추니 속상할 일입니다. 더불어 연약함으로 바라보는 세상 역시 비참합니다. 너무 비참해 포기하고 싶다는 생각이 들 수도 있습니다. 그러나 연약함을 통해 바라보는 하나님과 세상이 마냥 속상하거나 비참함에 몸서리칠 것이라 여긴다면 잘못 생각하는 것입니다. 오히려 우리의 연약함이 우뚝 서게 될 것입니다. 강해져서 우뚝 서게 되는 것이 아니라, 여전히 연약하고, 약점투성이이지만, 그럼에도 불구하고 당당하고 떳떳하게 될 것이라는 말입니다.

자신을 직면하기 때문입니다. 자신이 어떤 사람인지, 무엇을 하며 살아왔는지 분명한 눈으로 바라보기 때문입니다. 그 속에서 하나님이 어떻게 나를 만지시며 이끄시는지 정확히 깨닫습니다. 너무나 연약하지만, 그럼에도 붙잡으시는 하나님과 그분이 만들어 가시는 세상을 바라봅니다. 연약한 나를 통해 하나님께서 만드시는 세상 말입니다.

그 세상을 바라보는 순간이 바로 자신이 일으켜지는 순간입니다. 단순히 일으켜지는 것뿐 아니라 당당하게 우뚝 세워집니다. 이 순간을 일컬어 "감격"이라고 합니다. 감격의 순간에는 머리끝부터 발끝까지 이어오는 전율이 있습니다. 왜 그렇습니까? 비로 연약함을 아름다움이라 말하는 세상, 우리의 연약함을 통해 하나님께서 만들어 가시는 세상을 느낄 수 있기 때문입니다.

아름다움 넷_3

연약함에서 아름다움을 찾는 법

누가복음을 조용히 읽다 보면 떠오르는 단어가 하나 있습니다. 바로 '감격'입니다. 앞서 감격을 전율로 설명했지만 머리끝에서 발끝까지 이어오는 떨림, 이 단순한 떨림을 감격이라고 말하기는 어렵습니다. 하지만 이 떨림에 '의미'가 더해질 때 비로소 감격으로 인식됩니다. '아하!' 하고 무릎을 치는 경험을 '의미'가 이끌기 때문입니다.

누가복음 10장에서 예수님은 70명의 일꾼을 파송하셨습니다. 그리고 돌아온 70명의 제자들이 했던 말은 한결같습니다.

"와! 예수님, 우리도 되던데요!"

이들의 말에는 감격이 묻어 있습니다. 자신들에게 기적이 일어난 것에 대한 떨림과 함께 하나님의 능력과 역사하심의 의미를 이해했기 때문입니다. 이 사건 이후로 "감격"이라는 키워드는 누가복음 전반에 이어져 있다고 생각됩니다. 사마리아인의 감격, 마리아의 감격, 주님이 가르쳐 주신 기도를 통한 감격….

사실 신앙은 감격입니다. 우리의 신앙생활, 생활신앙을 이끌며 감격을 누리게 되는 이유는 우리에게 신앙이 있기 때문입니다. 신앙이 있다는 이야기는 믿음의 눈으로 바라보는 세상이 있다는 말입니다. 현실과 상황을 부정하는 것이 아닌, 현실과 상황을 넘어서는, 그런 세상이 있다는 말입니다.

미국에서 의료보험 없이 지낸다는 것은 매우 불안하게 살아감을 의미합니다. 돈을 벌어도 몸이 아프면 값비싼 의료비로 일시에 파산할 수 있기 때문입니다. 그만큼 의료 수기가 비싸다는 말인데 그러다 보니 미국 사람들도 병원비에 몸서리치는 경험을 많이 합니다. 오죽하면 농담을 통해 억울한 현실을 하소연하기도 합니다. 어떤 사람이 친구에게 말했습니다.

"내 주치의는 마술사야."

"왜? 병을 너무 잘 고쳐서?"

"아니, 잠시 만났을 뿐인데, 내 통장의 돈이 다 그 사람에게 가 있거든."

병원비가 만만찮으니 의료보험료 역시 만만치 않습니다. 그래서 저도 적잖은 돈을 내기가 어려워 한동안 의료보험 없이 살았더랬습니다. 하루는 가족을 모아 놓고 이렇게 말했습니다. "이제부터 우리는 병원에 못 간다. 그저 기도해야 된다. 하나님이 고쳐주셔야 하니까 열심히 기도해야 된다." 지금 생각해 보면 참 바보 같은 생각이었습니다. 돈이 없어도, 보험이 없어도, 병원에 가면 어떻게든 해결될 일인데 그걸 몰랐습니다. 제 말을 듣던 큰아이의 눈이 반짝였습니다. '어떻게든 살아야겠다' 싶었나 봅니다. 다행히 하나님의 은혜로 건강히 지내고 있었는데, 어느 날 큰아이가 많이 아팠습니다. 몇 날을 기도했는데도 낫질 않았습니다. 못난 이야기이지만 제가 제 손을 붙잡고 능력을 달라고 기도하기도 했습니다.

"하나님, 명색이 제가 목삽니다. 제 손에 제발 힘을 주셔서 손을 대면 우리 아들 병이 낫게 해주세요!"

간절한 마음으로 기적을 원했습니다. 하지만 그럼에도 불구하고 아이는 낫지 않았습니다. 아무런 능력도 일어나지 않는 제 손이 참 부끄러웠습니다. 게다가 밤새 통증과 씨름한 아이는 아침에 일어나서 이렇게 말했습니다.

"아빠, 나 이제 기도 안 할래. 기도하면 뭐해, 병도 안 낫잖아."

뻔뻔한 변명처럼 들릴지도 모르지만 저는 아들에게 말했습니다.

"병이 안 나으니까 계속 기도해야 하는 거야. 그래야 하나님이 우리를 더 불쌍히 여기시지."

말은 그렇게 했지만 마음이 많이 아팠습니다. 아픈 마음을 붙잡고 속으로 기도했습니다. 상황이야 어떠하든지 기도하는 마음을 잃지 않는 아들이 되게 해달라고, 처지야 어떠하든지 하나님 바라보는 시선이 흔들리지 않게 해달라고, 그렇게 하나님께 기도했습니다.

처지와 상관없이 기도한다는 것은 평안의 의미와 잇대어 있습니다. 평안을 히브리어로는 '샬롬', 헬라어로는 '에이레네'라고 말합니다. 그리고 이 두 단어가 공히 갖고 있는 한 가지 의미는 '전쟁이 사라진 상태'입니다. 이스라엘이 워낙 전쟁의 소용돌이에 빠져본 경험이 많은 나라였기에 '샬롬'이 인사말이 된 것은 자연스럽다 싶습니다. 우리나라도 그렇지 않습니까? 워낙에 '밤새 안녕' 하고 떠난 사람이 많았기에 우리네 인사말도 "안녕하세요?"입니다.

우리의 인사말이 그렇듯 히브리인들의 인사말에도 절박한 의미가 담겨 있습니다. 그러나 분명히 알 것은 단지 전쟁이 사라졌기에 "샬롬!" 하고 인사를 하는 것이 아니란 사실입니다. 여전히 한숨이 존재하고 고통을 느끼며 사랑하는 가족이 아파하며 죽어가고 포탄과 총성의 공포 때문에 어찌할 바를 모르는 그 순간이 바로 '샬롬'을 말하는 순간입니다. 평안과 상관없는 듯한 그 순간이 평화를 말해야 하는 때인 것입니다. 그것은 곧 처지를 넘어서는 희망의 세상을 만들겠다는 의지입니다.

맘고생이 심한 지금의 상황을 애써 부정하지 않기를 바랍니다. 오히려 그 속에서, 살아내고 싶은 세상을 만들어 가면 좋겠습니다. 하나님께서도 그렇게 일하시기 때문입니다. 우리는 하나님의 사람들입니다. 우리의 실존적 고통에 묻혀 아무런 힘없이 지내는 것이 아니라 고통을 통해 만들고 싶은 세상을 만들어 가야 합니다.

이탈리아의 경제학자 빌프레도 파레토가 세운 이론이 하나 있습니다. 그의 이름을 따 '파레토의 법칙(Pareto's law)'이라고 부릅니다. 이 이론을 간단히 말하면, 어떤 나라든 그 나라의 경제구조 80%를 20%의 인구가 운용하고 있다는 것입니다. 그래서 그의 이론을 '80/20법칙'이라고 부르기도 합니다. 책을 예로 들어 볼까요? 한 책에서 말하고 싶은 핵심 내용은 20% 수준입니다. 나머지는 당연히 그 20%의 핵심내용을 설명하는 부연설명이겠지요? 그래서 책을 읽을 때에는 핵심을 찌르는 20%를 붙잡아야 한다고 합니다.

어쨌거나 이 이론을 조금 색다르게 이용한 사람이 있습니다. 일본의 '하타무라 요타로'라는 사람입니다. 흔히 이 사람을 실패학자, 혹은 실패 전문가라고 말합니다. 그의 인생이 실패투성이라서 그렇게 부르는 것이 아니고 실패를 통해 배워야 한다고 주장하는 사람이기에 그렇습니다. 자신의 책, 실패를 감추는 사람, 실패를 살리는 사람에서 그는 어떤 사람이든 일생을 살면서 성공을 경험하는 것은 20%에 불과하고 나머지 80%는 실패라고 이야기합니다. 그런데도 사람들은 실패한 80%의 무궁무진힌 자원을 분석하시 않고 성공한 20%에 미쳐있다고 한심스러워 합니다. 실제로 누가 강의나 세미나를 한다고 하면, 그 사람이 얼마나 성공한 사람인지 살펴보고, 도대체 어떻게 성공하게 되었는지 그 성공담을 들으려 합니다. 물론 이것을 잘못되었다 말할 수는 없습니다. 그들의 성공 노하우를 배우는 것도 중요합니다. 하지만 하타무라 요타로에 의하면 이것은 답답한 노릇입니다. 성공한 사람들에게서 정작 배워야 하는 것은 그들이 경험한 실패담들이기 때문입니다.

실패로부터 배워야 한다고 주장하는 하타무라 요타로의 주장을 곰곰이 생각해 봅니다. 중요한 것은 우리의 '연약함'을, 지워버려야 하는 불필요한 것으로 여기지 말아야 한다는 사실입니다. 그의 말대로 연약함을 자랑해 보면 어떨까요? 우리가 그렇게 해야 하는 이유는 그 속에서 펼쳐질 세상이 너무나 아름답기 때문입니다. 더 많은 가능성과 더 많은 이야깃거리를 가지고 있기 때문입니다. 성공한 20%의 삶에 즐거워하고 기뻐하는 것도 중요하지만, 그 나머지, 성공과 관련 없이 뼈아프게 살아온 80%의 삶을 가슴에 새기며 살아보면 어떨까요?

연약함을 누려야 합니다. 우리가 그토록 원하는 아름다운 세상에 한 발 더 가까이 다가서기를 희망한다면 그래야 합니다. 시편 39편 4절은 이렇게 말합니다.

여호와여 나의 종말과 연한이 언제까지인지 알게 하사 내가 나의 연약함을 알게 하소서 (시 39:4)

더 나아가 야고보서 4장 9절과 10절은 오히려 슬퍼하며 애통하라고 말합니다. 웃고 있다면 울라고, 즐겁다면 오히려 근심하라고 말합니다. 오히려 적극적으로 아픔과 근심을 받아들이라고 말합니다. 쉽게 표현하면 연약하다는 자신의 실존을 똑바로 인식하며, 하나님 앞에 서라는 말입니다. 왜 이렇게 해야 하는지 야고보는 분명히 알고 있었습니다. 그렇게 해야 주님께서 우리를 높이실 것이기 때문입니다.

연약함을 누리는 신앙에 대해 기도를 예로 들어 설명한 사람이 있습니다. 미국 유니온신학교에서 윤리학과 실천신학을 강의한 신학자 라인홀드 니버(Reinhold Niebuhr)는 자신의 책, The Nature and Destiny of Man에서 기도하는 자세에 대해 말합니다.

만약 어떤 사람이, "나를 눈과 같이 희어지게 하소서. 나를 모든 죄악으로부터 멀어지게 하시고, 순결하게 하셔서 세상 모든 죄악과 상관없는 삶을 살게 하소서!"라고 기도했다면 일견 그는 참으로 순결한 신앙을 추구하는구나 생각할 수 있지만, 다른 눈으로 바라보면 그는 참 사악한 기도를 하고 있다고도 여길 수 있습니다. 왜냐하면 그것은 스스로 하나님이 되고자 하는 마음을 표현한 기도이기 때문입니다. 모든 죄악과 상관없는 존재는 하나님 한 분뿐이십니다. 이 세상에 있는 모든 사람은 죄로부터 멀어질 수 없습니다. 오히려 죄의 한가운데서 죄를 어찌 할 수 없다고 고백해야 합니다.

그렇습니다. 우리는 어쩔 수 없는 죄인입니다. 그러므로 "죄인입니다"라고 고백해야 합니다. 잘못을 가릴 이유가 없습니다. 우리의 연약함을 고백하는 것은 당연한 일이기 때문입니다. 그리고 하나님께 부탁해야 합니다. 나를 불쌍히 여겨달라고 절절하게 기도해야 합니다.

앞서 잠시 언급한, 누가복음 18장 9-14절의 비유를 좀 더 생각해 보겠습니다. 비유에는 두 종류의 사람이 나옵니다. 하나님께 전혀 다른 자세로 기도하는 사람들입니다. 한 사람은 바리새인이었고 또 다른 사람은 세리였습니다. 바리새인은 자신이 얼마나 순결한 삶을 살았는지 자랑스럽게 말합니다. 어쩌면 기도라고 하기보다 '이렇게 했습니다'란 보고에 가까운 것이었습니다. 하지만 세리는 달랐습니다. 멀리 서서 감히 눈을 들지도 못했습니다. 그는 다만 가슴을 치며 말했습니다.

"하나님, 이 죄인을 불쌍히 여겨 주십시오."

그의 기도는 자신의 실존적 한계가 드러나는 것이었습니다. 그래서 그의 기도에는 아픔이 묻어 있습니다. 그런데 예수님은 그런 그를 오히려 '의롭다'고 하셨습니다.

고통 속에서 아름다움을 발견할 수 있는 방법이 여기에 있습니다. 바로 자신의 연약함을 고백하는 것입니다. 그러면 하나님 앞에서 비참해질 것이라고 여기실지 모르겠습니다. 하지만 그렇지 않습니다. 연약함을 고백하면 오히려 의를 이룰 수 있습니다.

실존의 연약함을 깨닫는다는 것은 아프고, 힘들고, 그래서 우울해져야 하는 자기학대적 의미가 아닙니다. 오히려 자신을 보다 더 적극적으로 직면(Confrontation)한다는 말입니다. 즉, 자기 스스로를 아주 진지하게 느낀다는 것입니다. 그래서 하나님 앞에 선 자신을 깨닫는 것입니다. 때문에 "주님, 저는 죄인입니다"라는 고백은 패배가 아닙니다. 좌절도 아닙니다. 고통의 깊은 나락에 빠지는 것도 아닙니다. 오히려 하나님 앞에서(Coram Deo) 자신의 실존적 연약함을 발견하고 직면하는 것입니다. 자신의 연약함을 아파하는 실존은 그때야 비로소 은총을 경험합니다. 하나님의 말할 수 없는 사랑이 비로소 자신에게 절절해집니다. 하나님께서 얼마나 우리를 사랑하시는지, 우리의 연약함에도 불구하고 붙드시는 하나님의 사랑을 깨닫게 된다는 말입니다. 그래서 욥은 이렇게 고백하였습니다.

> 내가 주께 대하여 귀로 듣기만 하였사오나 이제는 눈으로 주를 뵈옵나이다 그러므로 내가 스스로 거두어들이고 티끌과 재 가운데에서 회개하나이다 (욥 42:5-6)

연약함을 아름다움으로 누리는 순간입니다.

꽃보다 아름다운 사람이야기

자주 흔들리고 쉽게 부러지는
연약하기 그지없는 사람이라는 꽃,
그러나 본질만은 아름답고 사랑할 수밖에 없는,
꽃보다 아름다운 사람이야기

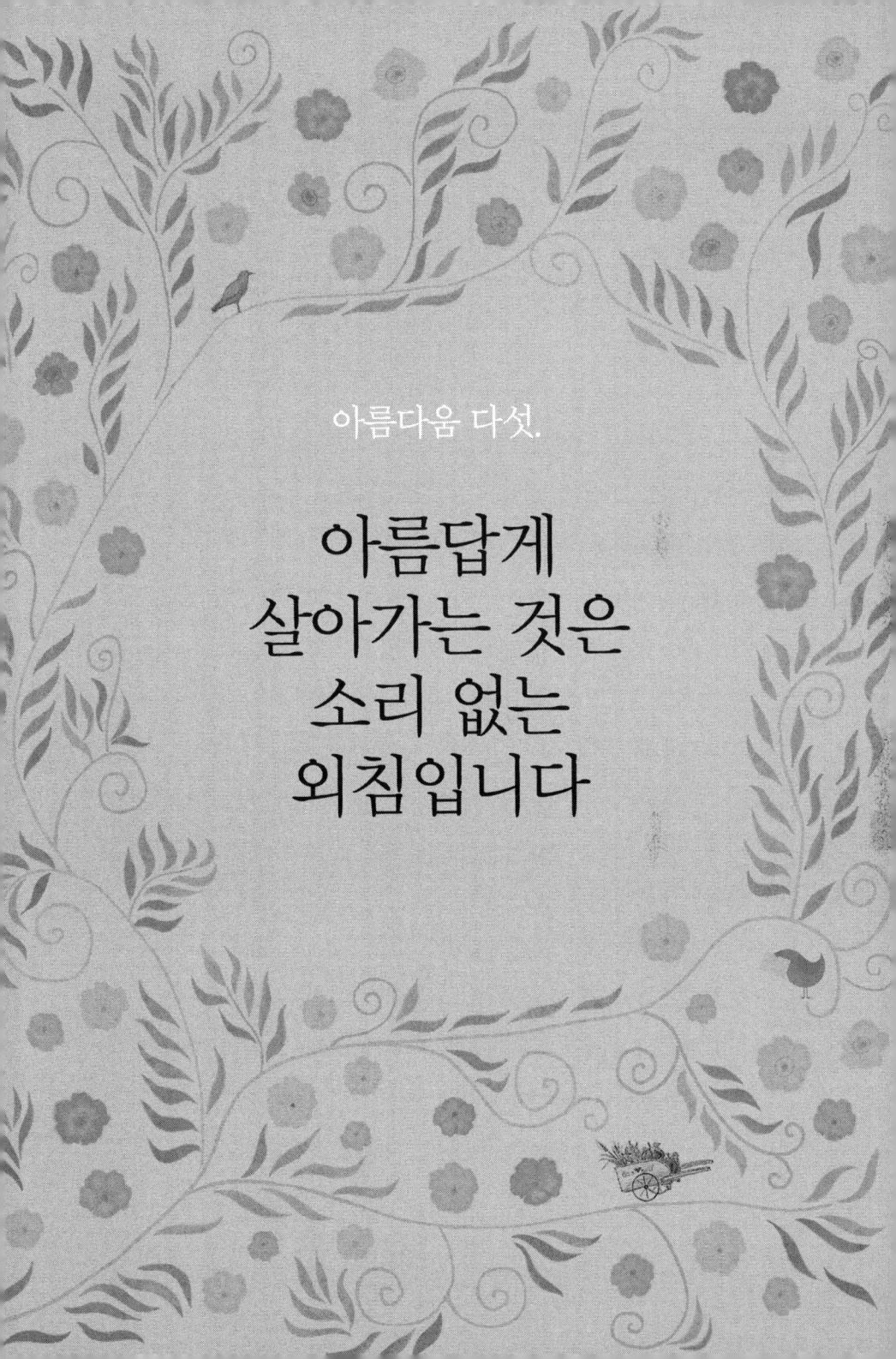

아름다움 다섯.

아름답게 살아가는 것은 소리 없는 외침입니다

아름다움 **다섯**

　　　　　아름다움은 상실되지 않습니다. 연약함마저 우리의 아름다움입니다. 그렇다면 우리는 연약함을 누리며 살아야 합니다. 그렇게 살아가는 것이 하나님의 뜻이며, 이것이 바로 사람이 지켜야 할 '자연스러움'은 아닐는지요? "아름다움을 누리며 산다"는 말은 자연스러운 삶의 경험을 통해 '아름다움'이란 맛을 느끼며 산다는 말입니다. 살면서 만나는 경험은 정말 중요합니다. 우리의 자연스러운 경험에서 배우는 것이 많기 때문입니다. 경험이 스승인 이유입니다.

　미국에서 공부를 마치고 우리나라에 돌아와 서울에 집을 얻었습니다. 아파트에 살기를 고집하는 아이들의 소망을 나 몰라라 할 수 없는데다 마련할 수 있는 돈에 전셋집을 맞추다 보니 학교에서 점점 멀어지게 되었습니다. 다행히 좋은 집을 시세보다 싸게 구했는데, 살다 보니 '싼 이유가 있구나' 느끼게 되었습니다. 1층에 동향, 더구나 집 앞에 나무가 빼곡히 심겨 있어 하루 종일 컴컴해 마치 동굴 같았습니다. 알람을 켜두지 않으면 해가 중천에 떠도 한밤같이 느껴져, 일어나기 힘들 때가 많앉습니다. 그러다보니 햇빛이 사람에게 얼마나 중요한지 알게 되었습니다. 살 탄다며 피하려 했던 햇빛이 이리도 소중한 것을 그제야 알게 되었습니다.

김보영, 홍성일 부부가 쓴 기행문이 책으로 나왔는데, 제목이 멋있어 한 권 구입했습니다. 인생은 속도가 아니라 방향이다, 깊은 생각을 이끄는 제목이다 싶습니다. 부부는 경쟁과 속도가 우선인 세상을 여행하다보니 그게 다가 아니란 생각이 들었다고 합니다. 여행을 통해 두 사람이 느낀 것은 방향이었습니다. 무엇을 바라봐야 하는지, 바라본 그 길을 어떻게 살아야 하는지 생각하게 되었습니다.

정말이지 살아보지 않고는 느낄 수 없는 것이 한두 가지가 아닙니다. 때문에 살아낸다는 것은 아주 중요합니다. 믿고 바라는 것을 절절하게 경험할 수도 있고, 삶의 진정한 의미를 깨닫기도 하기 때문입니다.

그래서 삶은 스스로에게 '확증(Assurance)'을 갖게 합니다. 이 확증 때문에 믿고 바라는 것을 용기 있게 살아갑니다. 설령 확증을 갖는 순간이 잘 찾아오지 않고, 무의미한 경험들만 반복된다 할지라도 살아내야 합니다. 무의미하게 여겨지는 일상도 언젠가는 반드시 아름다움으로 다가오게 될 것입니다. 살아있는 것 자체가 아름다운 일이기에 그렇습니다.

신앙도 마찬가지 아닐까요? 신앙도 살아내는 것이 중요합니다. 그래서 신앙생활, 생활신앙이라 말합니다. 살아내지 않으면 신앙을 느낄 수도, 신앙을 통해야만 보이는 세상도 경험할 수 없기 때문입니다.

그렇다면 살아낸다는 것의 실천적 의미는 무엇일까요? 말 자체가 주는 뉘앙스 때문에 억지웃음을 짓거나, 싫지만 살아가야 하는 것으로 생각할 수도 있습니다. 그러나 살아낸다는 것을 그렇게 심각하게 받아들이지 않으면 좋겠습니다. 그저 "하나님, 저를 불쌍히 여겨주세요."라고 고백하면 하나님께서 살 수 있는 힘을 주실 것입니다. 그리고 살아가는 것을 스스로 자연스럽게 여길 수 있을 것입니다. 자연스럽게 아름다움을 살아가게 될 것입니다.

살아보면 좋겠습니다. 성경을 읽습니다. 기도를 합니다. 혹은 찬양을 합니다. 그러면 성령님께서 아름다운 마음을 허락해 주실 것입니다. 잔잔하게, 때론 열정적으로 '이렇게 살아야겠구나!' 아이디어가 생각나고 마음에선 감격을 느끼게 됩니다. 그러면 느낀 대로 살아보는 것입니다. 설령 감격한 대로 살아지지 않는다 해도 괜찮습니다. 예상치 못한 일에 당황스러워도 괜찮습니다. 살아있어 경험하게 되는 순간들 모두가 감격이기 때문입니다. 이것이 우리가 죽을 수 없는 이유입니다. 이것을 아름답게 살아가는 것이라고 말합니다.

성경을 단순히 2000년 전에 쓰여진 옛날 책이라고 생각하는 것이 아니라 오늘 내가 살아가야 할 지침서로 받아들여 봅시다. 우스갯소리처럼 들릴지도 모를 일입니다만 다니엘과 세 친구가 열흘을 채소만 먹고 얼굴빛이 좋아졌다면 나도 한번 해 보는 것입니다. 푸석푸석한 얼굴이 어떻게 바뀌나 보는 것입니다.

저는 개인적으로 부모님께 배운 '여리고 기도'를 즐거합니다. 잘 아시다시피 여리고 성(城)은 모세가 죽은 후 이스라엘을 이끌었던 지도자 여호수아가 만난 첫 번째 장벽, 철옹성이었습니다. 이것을 이겨낼 방법이 없었는데 하나님께서 희한한 방법 한 가지를 일러주셨습니다. 구약성경 여호수아 6장을 보면 하나님께서 이스라엘 백성들에게 여섯 날 동안 여리고 주위를 한 번씩 돌고, 마지막 일곱 번째 날에는 일곱 바퀴를 돌고 마지막까지 다 돌면 큰 소리를 지르라고 말씀하셨습니다. 그러면 성벽이 무너질 것이라고 말입니다. '이게 진짜 될까?' 여호수아를 비롯한 이스라엘 사람들은 의심하기보다는 일러주시는 대로 즉시 행동하였습니다. 그랬더니 정말 성이 무너지게 되었다고 성경은 증거합니다.

'여리고 기도'가 무엇인지 대충 짐작하시겠지요? 집안에 어려운 일이 생기면 저는 집을 돕니다. 학교에 힘든 일이 생기면 학교를 돌고, 교회에 어려움이 생기면 교회를 돕니다. 돌며 기도하는 것입니다. 무너질 줄 믿으며 말입니다. 물론 건물이 무너지리라고 믿지는 않습니다. 그 안에 있는 철옹성 같은 문제가 무너지길 기도하며 도는 것입니다. 실제로 여리고 기도는 제게 많은 것을 경험하게 했습니다. "하나님은 오늘도 일하시는구나!" 감탄할 때가 많았습니다.

예전에 사역하던 교회에서 청년부를 맡을 때였습니다. 할 일은 많고 재정은 없으니 어쩌겠습니까. 돌았습니다. 여리고를 돌던 여호수아의 심정이었습니다. 청년부 형제 하나가 제게 할 얘기가 있어 왔다가 아무런 대꾸가 없자 제 뒤를 따라 같이 걸었습니다. 나중엔 서너 명이 제 뒤를 따라 돌며 기도하게 되었습니다. 이렇게 몇 날을 기도하니 기적이 일어났습니다. 어디서 큰돈이 들어온 것은 아니었지만, 청년들이 자진해서 용돈을 아끼고, 보너스를 헌금하고…. 그러다 보니 청년부가 돈 때문에 어려움당하는 일은 없었습니다. 오히려 "열두 광주리나 남았습니다."라고 고백했던 예수님의 제자들처럼 즐거울 때가 많았습니다.

미국에서 공부할 때도 저는 자주 학교를 돌았습니다. 부족한 게 너무 많았기 때문입니다. 영어 실력도, 돈도, 머리도 바닥이었던 시절이었습니다. 학교를 돌며 기도할 때면 친구들이 와서 묻습니다.

"뭐해?"

"응, 그냥 산책해."

대충 얼버무리지만 돌며 울 때도 무척 많았습니다. 하나님께서 도와주셔야 살 수 있나고 울며 기도했습니다. 그리고 하나님께선 제게 정말 '하늘만큼 땅만큼'이나 잘해주셨습니다. 참 잘해주셨습니다. 아무것도 아닌 부족한 사람을 세계적인 학교에서 공부하게 하시고, 더 나아가 하나님의 일꾼들을 가르치는 귀중한 자리에 세워주셨으니 말입니다. 아름답게 살아가는 것은 '사는 것'을 의미합니다. 성경을 살고, 믿음을 살고, 바라고 원하는 세상인 천국을 살고….

아름다움 다섯_1

책대로 안 되더라도

배우고 느낀 대로 살아내는 것, 그것을 아름답게 사는 것이라고 말씀드렸습니다. 만약 배우고 느낀 대로 살았는데, 배운 대로, 성경대로, 신앙대로 이루어지지 않는다면 어떻게 이해해야 할까요?

물론 성경대로 '여리고 기도'를 한 후, 이스라엘 백성이 경험한 기쁨을 맛본다면 더할 나위 없이 즐거울 것입니다. 하지만 아무것도 이루어지지 않는다면 주저앉아 낙심해야 할까요? 아니요, 그럴 필요가 없습니다. 오히려 기대해야 합니다. 하나님의 새로운 역사하심을 말입니다. 바로 그 지점이 우리가 쓸 사도행전의 출발점입니다. 내가 살아가는 오늘의 신(新)성도열전, 그 시작지점입니다. 그렇기 때문에 성경대로 안 된다고 실망할 필요가 없습니다.

마음을 열어주는 101가지 이야기란 책을 읽다 참 좋다고 생각했던 글이 있습니다. 미국 동부 뉴욕시 맨하탄에 들어가려면 통행세를 내야 합니다. 지금은 몇 달러가 넘을 만큼 꽤 큰돈인데 과거엔 조금 쌌나봅니다. 어떤 사람이 톨게이트를 지나가다 자기 뒤에 따라오는 운전자의 요금 50센트를 포함해 1달러를 계산했다고 합니다. 그랬더니 따라오던 차의 운전자가 경적을 울리며 "하이!"하고 감사 인사를 한 뒤 얼굴 가득 웃음을 담고 가더라는 것입니다. 요금을 대신 내준 사람은 기분이 참 좋았습니다. 그리곤 '이 세상 모든 운전자가 뒤차의 요금을 대신 내준다면 온 세상 행복이 가득할 텐데' 라고 생각했습니다.

글을 읽고 참 그렇다 싶었습니다. 결국 내야 하는 통행세, 모두가 뒷사람의 요금을 내주면 얼마나 좋을까 생각했습니다. 물론 맨 앞에 선 사람의 희생이 있어야 하겠지만 말입니다. 책을 읽고 용기를 내, 한번 해보자 싶었습니다. 제가 사는 동네가 서울 도봉산 자락이다 보니 지방을 다녀올 때면 늘 중부고속도로를 이용합니다. 동서울 톨게이트는 뒤따라오는 차들의 출발지가 다 다른데다 액수도 커서 통행 요금을 대신 내기가 어려웠습니다. 그래서 좀 더 올라오면 구리 톨게이트가 있는데 거기선 800원의 요금을 내야 하기에 그곳에서 대신 내 주기로 작정하였습니다. 1600원을 준비해 징수하시는 분에게 주며 멋있게 말했습니다.

"뒤차 것까지요."

한껏 폼을 잡은 뒤 별 신경을 안 써야 되는데 뒤가 궁금해졌습니다.

책대로라면 뒤차 운전자는 제게 고맙다고 인사를 해야 하고 "하이!"하며 손도 흔들어야 했습니다. 아니나 다를까 뒤차 운전자가 빵빵하며 제 옆으로 다가왔습니다. 그리고는 달리는 와중에 자신의 차창을 열더니 저에게도 열라고 손짓을 했습니다. '고맙다고 그렇게까지 표현하지 않아도 되는데…' 하면서도 내심 칭찬의 말을 듣고 싶어 창문을 내렸습니다. 그런데 전혀 뜻밖의 상황이 발생했습니다. 그 사람은 이렇게 소리 질렀습니다.

"당신 나 알아?"

순간 많이 당황했습니다. 그런 질문을 받으리라곤 상상도 못했을 뿐더러 그 운전자가 무섭게 생겼기 때문이었습니다. 원래 싸움을 잘 못하는 성격이라 떨리는 말로 대답했습니다.

"잘 모르는데요."

그러자 그는 달리는 차와 차 사이로 손을 치켜들며 삿대질을 하였습니다. 그리고 이렇게 말하였습니다.

"모르는데 니가 왜 내? 돈 좀 있다고 자랑해? 돈지랄하지 마! 이 자식아!"

한동안 정신을 차릴 수 없었습니다. 정신을 추스르기 위해 한 편의 시를 떠올렸습니다. 러시아의 국민 시인으로 일컬어지는 알렉산더 푸시킨(Alexander S. Pushkin)의 시였습니다.

삶이 그대를 속일지라도

슬퍼하거나 노여워하지 말라.

슬픈 날엔 참고 견디라.

즐거운 날은 오고야 말리니…

　시로 스스로를 달래 보았지만 얼마나 혼란스러웠는지 모릅니다. '이게 뭐야, 책대로 안 되잖아….' 어느 개그 프로에서 개그맨이 했던 말이 생각나는 순간이었습니다. '이건 아니잖아, 이건 아니잖아!' 하지만 곧 이해하는 마음을 가져보았습니다. '아마도 그 사람이 어디서 돈 때문에 자존심이 많이 상했나보다. 사실 800원, 까짓 얼마 안 하는 돈인데 그것도 누가 대신 내주나 하는 생각에 기분이 상했나보다.' 이렇게 생각하고 나니 한결 마음이 좋아졌습니다. 하나님께서 도와주시면 언젠가 그도 넉넉해질 게다 싶었습니다. 그러면 자기도 다른 이를 위한 넉넉함을 누리겠지 생각했습니다.

　책대로 안 되는 한이 있어도 한번 해 보면 좋겠습니다. 책대로 해 보는 행복을 느낄 수 있을 것입니다. 책대로 안 되면 그때는 나만의 책을 써내려 가는 순간입니다. 필사성경 한 권을 구입해, 곁에 자신의 이름을 쓰고 'OOO의 사도행전'이라 이름 붙여 보는 것입니다. 그리고 살아가며 말씀대로, 책대로 했을 때, 내게 어떤 일이 일어났는지 기록해 보는 것입니다. 아마도 훗날 자녀들에게 유산으로 남겨주기에 좋은 선물이 될 것입니다.

　일이 꼭 책대로 이루어지지 않더라도 너무 가슴 아파하지 않으면 좋겠습니다. 책대로 해본다는 감동을 분명히 경험할 수 있기 때문입니다. 한번 해보는 사람에게 주어지는 감동은 특권처럼 자신과 자신의 삶을 넉넉하게 만들 것입니다.

아름다움 다섯_2

소리 없는 외침

성경을 살고, 믿음을 살고, 책이 주는 감동을 따라 사는 것은 대단한 삶을 말하는 게 아닙니다. 기적과 감동의 삶을 산다고 느끼는 것은 스스로일 뿐, 세상은 그렇게 느끼지 않을 것이기에 그렇습니다. 오히려 아무 일도 없었다는 듯, 도대체 누가 무엇을 하긴 했냐는 조롱 섞인 냉소만 있을지도 모르겠습니다. 그래서 성경을 살고, 믿음을 살아가는 것은 소리 없는 외침이란 생각을 해봅니다.

"쟤 뭐야?"

"정신없는 것 아냐? 뭐하는 짓거리야?"

하지만 해보는 것입니다. 아무것도 아니라고 핀잔을 듣더라도 한껏 아우성치는 것입니다. 계란으로 바위 치는 격이어도 한 번 해보는 것입니다. 이름 모를 길모퉁이 한구석을 쓸며 "나는 지구를 깨끗하게 하고 있는 중입니다." 말했던 현자(賢者) 환경미화원처럼 우리도 그렇게 살아가는 것입니다. "나는 지금 천국을 만들어 가고 있는 중입니다", "나는 아름다움을 살아가는 사람입니다." 라고 말하며 살아가는 것입니다.

시인 도종환이 엮은 시집, 잊혀지는 것은 사랑이 아니다에 유정열 시인의 시, "사랑은"이 실려 있습니다. 시인의 이름처럼 역시 정열적인 시입니다.

    잊혀지는 것은
    사랑이 아니다

    사랑은
    머리에 기억되는 것이 아니라
    가슴에 머무는 것이 아니라

    뼛속
    가장 깊은 곳에
    새겨지는 것이다

그래서

내가 죽어

살이 썩고

뼈가 삭아

맨 마지막 뼈 한 조각마저

먼지로 화할 때

비로소

눈을 감는 것이다

아름답게 살아가는 것도 이와 같습니다. 알아주는 이 없어도 가슴에 머물기를 소원하며 살아가는 것입니다. 뼛속 가장 깊은 곳에 새겨지길 원하며 살아가는 것입니다. 내가 죽고 살이 썩고 뼈가 삭기까지 살아야 할 삶이기 때문입니다.

좀 뜬금없는 질문이긴 하지만, "4복음서에서 예수님은 주인공으로 등장합니다. 그런데 제자들이 예수님처럼 살았습니까?", "사도행전서 예수님은 조연처럼 잠깐 등장하십니다. 그런데 제자들은 어떻게 살았는지요?" 이 질문들을 곱씹어 생각해보면 좋겠습니다. 그러면 예수님께서 어떻게 뼈에 새기듯 사랑하며 사셨는지를 알게 될 것입니다. 예수님의 사랑은 뼈에 새기는 오래 참음이었습니다. 오래 참음은 예수 그리스도의 사랑 표현입니다. 왜 그렇게 사랑하셨을까요? 바로 제자들을, 그가 만나는 모든 사람들을 인격으로 대하셨기 때문입니다.

예수님은 하나님입니다. 그가 말씀 한마디로 세상을 지으셨듯, 말씀 한마디면 제자들은 꼭두각시처럼 그가 원하는 대로 살았을 것입니다. 하지만 그는 그렇게 하지 않으셨습니다. 타는 속 부여잡고 인격적으로 만나셨던 것입니다. 그리고 희망을 가지셨던 것입니다. '이렇게 뼈에 새기듯 사랑하면 언젠가 그도 나처럼 뼈에 사무치게 살겠지!' 소원하셨던 것입니다.

좋아하는 분으로부터 책 한 권을 선물 받았습니다. 일본에서 교편을 잡고 계신 미즈타니 오사무 선생님의 책, 얘들아, 너희가 나쁜 게 아니야였습니다. 불안정한 밤거리 아이들에게 '안정감'이 무엇인지 느끼게 해주기 위해, 아이들을 학교로 부르는 대신 본인이 밤거리로 나간 선생님의 이야기였습니다. 대단한 것은 14년간 밤거리 아이들 5000명에게 세상이 살 만하다는 것을 알게 했다는 사실입니다. 아이들은 대부분 길거리에서 매매춘을 하거나 원조교제, 혹은 마약과 술에 찌들고, 폭력과 범죄에 빠져 살고 있었습니다. 책의 처음과 겉장 속지에는 이 선생님의 철학이 담겨 있습니다.

"저 도둑질한 적 있어요."

"괜찮아."

"저 원조교제했어요."

"괜찮아."

"저 친구 왕따시키고 괴롭혔어요."

"괜찮아."

"저 본드했어요."

"괜찮아."

"저 폭주족했어요."

"괜찮아."

"저 죽으려고 손목 그은 적 있어요."

"괜찮아…."

"죽어버리고 싶어요. 죽어버리고 싶어요."

"하지만 얘들아, 그것만은 절대 안 돼."

내게는 아이들의 과거 같은 건 아무래도 좋다. 현재도 상관없다. 시간이 걸려도 좋고, 누군가의 도움을 받아도 좋으니까. 그들이 자신의 뜻과 힘으로 행복을 만들어 갔으면 하고 바랄 뿐이다. 그러려면 무조건 살아야 한다. 그래서 나는 그들이 살아주기만 해도 좋다. 나는 어른들이 "지금까지 정말 열심히 살아줬구나"라고 그들이 살아온 과거와 현재를 인정하고, 제대로 칭찬해 주었으면 한다.

책을 읽고 많은 충격을 받았습니다. '이렇게 살 수 있을까?' 생각하니 눈앞이 캄캄해졌습니다. 읽은 대로, 느끼고 배운 대로 살아야 하는데, 그렇게 살 자신이 없었습니다. 그래서 책을 눈에 잘 보이지 않는 책꽂이 한구석에 꽂아 두었습니다. 그런데 그쪽으로 자꾸 시선이 갔습니다. 눈에 안 보이는 자리에 두었는데도 이상하게 이 녀석이 잘 보였습니다. 결국 용기를 냈습니다. 여전히 선생님처럼 살 용기가 없었지만 다시 한 번 읽었습니다. 책을 읽다 생각난 시가 앞에서 읽은 유정열 시인의 '사랑은'이었습니다. 미즈타니 오사무 같은 사람으로 살 수는 없어도 어떻게든지 비슷하게라도 살아보자 다짐했습니다.

아름답게 살아가면 좋겠습니다. 모든 것이 먼지로 화할 때까지 살았으면 좋겠습니다. 또 그렇게 살아내는 것이 즐거우면 참 좋겠습니다.

아름다움 다섯_3

무성(無聲)의 파동(波動) : 감동(感動)

　　　　　　아름답게 살아가는 것은 소리 없는 외침입니다. 비록 소리가 없는 듯 여겨질지라도 말입니다. 그러나 분명한 것은 소리는 없어도 전해오는 진동은 있다는 것입니다. '무성(無聲)의 파동(波動)!' 그래서 아름답게 살아가는 것에는 '감동(感動)'이 있습니다.

　잔잔해서 아무런 변화가 없는 것처럼 여겨질지라도 움직이는 어떤 역동이 있습니다. 그렇기 때문에 '계란으로 바위 치는 격'일지라도 단순히 계란으로 바위 치는 것만은 아닙니다. 잔잔한 감동이 파급효과를 불러오기 때문입니다. 마치 베이징에서 나비 한 마리의 날갯짓이, 그 파장이 전해지고 전해져 미국 대륙에 허리케인으로 불어 닥치게 된다는 '나비효과(Butterfly effect)'처럼 말입니다.

아주 작은, 그리고 아주 잔잔한 이야기를 들려드리겠습니다. 그리고 그 속에서 발견되는 아주 작은 파동에 제가 어떤 감동을 경험했는지 같이 느껴보면 좋겠습니다. 먼저, 마음을 열어주는 101가지 이야기에 실린 작자 미상의 '자주색'이란 글을 소개하겠습니다.

1학년 때 로어 선생님은 내가 그린 자주색 인디언 천막이 사실적이지 않다고 지적했다. 자주색은 천막에는 쓰이지 않는 색깔이라는 것이었다. 자주색은 죽은 사람들에게나 쓰는 색이며, 따라서 내 그림은 다른 아이들 것과 함께 교실 벽에 걸어 줄 수가 없다는 것이었다. 헐렁한 골덴 바지가 슥슥 스치는 소리를 세면서 난 내 자리로 돌아갔다. 검은색 크레용과 함께 어둔 밤이 내 텐트 위로 내려왔다. 아직 오후도 되지 않았는데….

한 아이가 인디언 천막을 그렸는데, 제 딴에는 멋있게 자주색으로 채색을 했습니다. 그런데 선생님께서는 사실적이지 않다고 핀잔을 주었습니다. 결국 교실 벽에 붙여 줄 수 없다는 핀잔을 들은 아이가 자기 자리로 돌아가 시커멓게 덧칠을 했다는 이야기입니다. 이 아이가 이 후로 그림을, 자신의 그림을 제대로 그릴 수 있었을까요? 어쨌든 아이는 2학년 때 또 그림을 그려야 했습니다. 하지만 아이가 2학년 때 만난 미술 선생님은 전혀 다른 분이었습니다.

2학년 때 바르타 선생님은 말씀하셨다. "아무 거나 그리고 싶은 대로 그려라" 무엇을 그리든 자유라는 것이었다. 난 아무것도 그리지 못한 채 백지만 책상 위에 달랑 얹어 놓고 있었다. 선생님이 교실을 한 바퀴 돌아 내 자리까지 왔을 때, 나는 심장이 콩콩 뛰었다. 바르타 선생님은 그 큰 손으로 내 머리를 쓰다듬더니 부드러운 목소리로 말씀하시는 것이었다. "들판에 온통 하얀 눈이 내렸구나. 정말 멋진 그림이야!"

선생님의 말을 읽는 순간 나도 모르게 "와아~"하는 탄성이 나왔습니다. 참 좋다는 생각을 했습니다. 그리고 선생님의 말 한마디에 되살아날 아이를 생각해 보았습니다. 더 없이 행복했을 아이를 생각하며, '우리 아이들도 이런 선생님을 만나면 참 좋겠다.'고 생각했습니다. 그림보다 중요한 것이 사람이란 사실을 잘 알고 계신 선생님을 만나게 되는 복을 누리면 좋겠다고 생각했습니다.

제 큰아이에게 처음 자전거를 가르치기 전에 이 글을 읽었더라면 하는 후회가 있습니다. 당시 저는 자전거 타기에서 가장 중요한 것을, 균형 잘 잡기, 페달을 밟아 적당한 속력을 내기, 서야 할 때 브레이크 잘 잡기 등으로 생각했습니다. 정말 중요한 것은 깨닫지 못했습니다. 큰애가 만 일곱 살이 되던 해였는데, 어찌나 운동신경이 무디던지 몇 날을 가르쳤는데도 뒤뚱뒤뚱 넘어지고 자빠졌습니다. 자기 몸은 물론이고 새로 산 자전거에도 생채기를 많이 냈습니다. 속상한 나머지 아이에게 화를 냈습니다. 그리고 이렇게 말하고 말았습니다.

"너는 그것도 못해? 너 바보야? 그리고 넘어지려면 자전거를 안고 넘어져! 자전거 다 깨졌잖아!"

화가 나서 아무렇게나 말하고 나니 말한 저도, 말을 듣는 아이도 마음이 언짢았습니다. 노려보고 있자니 애가 울먹이며 주눅 든 목소리로 이렇게 말했습니다.

"아빠, 나 자전거 안 탈래."

아들 녀석의 말에 금방 잘못을 깨달았어야 했는데 그만 더 짜증을 내고 말았습니다.

"그래, 타지마! 두 번 다시 타지마!"

그때는 아무 생각 없이 소리를 질렀는데 생각 모자란 아빠 때문인지 아들은 한동안 자전거 타는 것을 싫어했습니다. 다행히 제 엄마가 다독이며 가르쳐서 나중에야 자전거를 제법 타게 되었습니다.

돌이켜 보면 부끄러운 이야기입니다. 울며 집으로 들어가던 아들의 뒷모습을 떠올리며 "들판에 온통 하얀 눈이 내렸구나. 정말 멋진 그림이야!"라고 말한 선생님처럼 살지 못한 자신이 낯 뜨겁게 여겨집니다.

자전거 타기에서 가장 중요한 것은 자전거 안장 위에 올라 탄 '사람'이었음을 그때는 잘 몰랐습니다. 자전거를 사준 이유도, 자전거 타는 법을 가르쳐 주려한 이유도, 다 아들을 사랑했기 때문이고 또 아들이 건강하게 지내길 바라는 마음에서였는데, 그 마음을 잃어 버렸던 것입니다. 아이가 자전거를 잘 못타 힘들어했을 때, "힘들지? 조금만 참아. 넘어지지 않으면 배울 수 없는 게 자전거란다. 자꾸 넘어지지만 그래도 잘 참고 배우는 네가 아빠는 정말 자랑스러워." 이렇게 말했더라면 얼마나 좋았을까요.

사실 아이에게 자전거를 가르쳐 주는 것은 단 한 번밖에 없는 기회인데 말입니다. 한 번 배우면 다시 가르쳐줄 필요도 없고, 다시 배우려 들지도 않을 텐데, 일생에 단 한 번뿐인 순간을 망쳐버렸으니 얼마나 경솔했는지요.

책을 읽고 용기를 내어 아들에게 용서를 구했습니다. 시간이 좀 지났기에 기억할까 싶어 관두고도 싶었지만 용기를 냈습니다. 집에 있는 교환노트에 미안하다고, 그때를 기억하냐고 적어 큰애 책상 위에 올려놓았습니다. 다음 날, 제 책상에 교환노트가 놓여 있었습니다. 제가 미안하다고 글을 쓴 다음 장에 빨간 볼펜으로 한 문장이 덩그렇게 적혀 있었습니다.

"아빠, 다음부턴 잘하세요!"

제 딴엔 상처가 컸던 모양이었습니다. 늦게나마 용서를 구했으니 망정이지 하마터면 상처가 오래갈 뻔했습니다.

두 번째로 소개하고 싶은 이야기는 더욱 제 자신을 부끄럽게 만든 이야기입니다. 사랑하는 가족에게 들려주고 싶은 이야기에 실린 '찬송가'입니다.

나는 남동생이 무언가에 몰두하고 있는 것을 주의 깊게 지켜보았다. 동생은 거실 한쪽 구석에 앉아 한 손에는 펜을 들고 한 손에는 아빠의 찬송가를 들고 있었다. 아빠가 거실로 들어가시자 남동생은 조금 움찔했다. 자신이 뭔가 잘못했다는 것을 느낀 것이다. 먼발치서 보니, 남동생은 아빠의 새 찬송가를 펴서 첫 장에 펜으로 한 장 가득히 낙서를 해놓았다. 두려움에 질려 아빠를 쳐다보며 남동생도 나도 아빠의 벌이 떨어지길 기다렸다. 아빠는 귀중한 찬송가를 집어 들고 자세히 바라보고는 한마디 말씀도 없이 앉으셨다. 아빠는 성직자이며 학위를 여러 개 받으신 분으로 책을 소중히 여기시는 분이셨다. 아빠에게 있어서 책은 지식을 의미했다. 그 상황에서 아빠가 보이신 행동은 놀라웠다. 동생을 벌하거나 꾸짖거나 소리치고 질책하는 대신 앉으셔서 동생의 손에서 펜을 받으셨다. 그리고는 동생 존이 해놓은 낙서 옆에 이렇게 쓰시는 것이었다.

"1959년 존이 두 살 때 쓴 글. 너의 아름다운 얼굴과 나를 바라보는 따스하고 초롱초롱한 눈을 들여다보며 내 새 찬송가에 낙서를 한 너로 인해 내가 얼마나 하나님께 감사를 드렸는지 모른다. 너의 형과 누나들로 내 삶이 그랬듯이 너로 인해 이 책이 거룩한 책이 되었구나."

나는 생각했다. '어떻게 이것을 벌이라 할 수 있으랴?' 때때로 나는 싸구려 문고판이 아닌 내가 오랫동안 보관할 책 한 권을 뽑아서 내 아이에게 주고 그 책에 낙서를 하거나 이름을 쓰게 한다. 그리고 그들의 작품을 보면서 내 아버지를 떠올리며 삶에서 소중한 것이 무엇인지를 아버지께서 어떻게 가르쳐 주셨는지를 생각한다. 아버지가 가르쳐 주신 것은 사물보다 사람이, 판단보다 관용이, 가족에게 가장 중요한 것은 사랑이라는 사실이었다.

이 글도 참 좋지요? 그런데 솔직히 이런 아빠가 있다는 사실에 스스로가 비참해지는 걸 보면 저는 아직 멀었나 봅니다. 사실 이 아빠처럼 저도 성직자이며 학위도 여러 개 받은, 책을 사랑하는 사람입니다. 그런데 이 아빠는 자신의 책에 낙서한 아이를 '벌하거나 꾸짖거나 소리치고 질책하지' 않았다는네, 더구나 자신의 책에 해 놓은 아이의 낙서를 오히려 '작품'이라고 말했다는데, 저는 솔직히 책에 낙서한 우리 아이들을 몰아세울 때가 많았습니다. 두 눈 크게 뜨고 혼내기가 일쑤였고, 벌하고 꾸짖는 것을 당연하게 여길 때가 많았습니다. 못난 아빠였습니다.

이 책을 읽고 스스로가 못난 걸 알았으니 느낀 대로, 배운 대로 해보자 싶었습니다. 큰아이는 클 대로 커버려 책에 낙서 같은 것은 하지 않기에 둘째 아이를 불렀습니다. 여섯 살인 둘째를 불러 미국에서 공부하며 정말 큰 맘 먹고 구입한 목회상담 사전을 펜과 함께 손에 들려 주었습니다. 싸구려 문고판이 아닌 오랫동안 보관할 책 한 권을 뽑아 책에 낙서하게 하라고 했으니, 저도 큰 맘 먹고 제일 비싼 책을 주며, "네 맘대로 해."라고 말했습니다.

책에선 분명히 첫 장 가득 낙서했다고 했습니다. 저 역시 그 정도는, 첫 장, 한 장쯤은 버려도 된다고 생각했습니다. 그런데 책을 받아든 둘째는 첫 장에 낙서를 하는 게 아니라, 책 한 가운데를 펴서 몇 장을 쭉 찢어 버리는 게 아니겠습니까! 순간 눈에서 불이 튀어 나왔습니다. 아이에게 줬던 책을 얼른 뺏었습니다. 그리고 함께 주었던 펜으로 아이의 머리를 딱딱 치며 말했습니다.

"아빠가 너한테 이 펜을 왜 줬겠냐? 너는 생각이 있는 애냐 없는 애냐?"

그러자 아이가 놀라서 울기 시작했습니다. 느닷없는 호통에 분했는지 아빠에게 막 소리를 쳤습니다.

"아빠가 맘대로 하라고 했잖아요! 왜 때려요!"

정신을 퍼뜩 차리고 보니 모든 것이 제 불찰이었습니다. 둘째에게 맘대로 하라고 한 것도 문제였고, 낙서보다 종이접기를 더 좋아하는 아이에게 낙서를 기대한 것도 잘못이었습니다. 실수를 반복할 수 없어 얼른 사과했습니다. 아이를 달랜 후, 이 사태를 어찌 할까 생각했습니다. 이미 찢어진 책을 뭐 어쩌겠습니까. 투명 테이프로 어찌어찌 잘 맞추어 붙였습니다. 붙이며 든 생각이 '책대로는 안 됐지만 그래도 책대로 해보자'는 것이었습니다. 그래서 책 귀퉁이에 이렇게 썼습니다.

'둘째가 여섯 살 때 찢어 놓은 곳. 너의 사랑스런 두 손가락이 이 책을 찢을 때 내 마음도 찢어졌다. 하지만 너로 인해 이 책이 거룩한 책이 되었구나!'

이렇게 쓰고 보니 제가 대단한 사람처럼 여겨졌습니다. '나도 되네!' 하는 마음에 즐거웠습니다. 책보다 사람인 것을 경험해 보니 책에 나온 아빠의 마음을 느낄 수 있었습니다. 자전거보다 아들이 귀하고, 책보다 사람이 귀한 것을, 그림을 사실적으로 그리는 것보다 그리는 아이가 중요하고, 자전거를 잘 타는 것보다 자전거를 배우며 아빠와 함께 나누는 사랑이 더 중요한 것을 알게 되었습니다.

대단한 기적이 일어난 것은 아니었지만 잔잔한, 그래서 아무 일도 일어나지 않은 것 같은 조용한 깨달음. 이 깨달음은 제게 큰 의미를 갖게 하였습니다. 무성(無聲)의 파동(波動)이지만 뼛속까지 파고드는 진한 감동이었습니다.

아름답게 살아가는 사람이 가진 눈

　　　　　　우리 모두 창조적인 눈을 가지면 좋겠습니다. 아무것도 그리지 못한 채 백지만 내민 아이에게 "온통 하얀 눈이 내렸구나!" 바라볼 수 있는 눈, 한 장 가득한 아이의 낙서를 바라보며 '작품'이라고 바라볼 수 있는 눈, 그런 눈을 가지면 좋겠습니다. 그런 눈을 갖게 되면 무엇이 정말 중요한지 알게 되는 것 같습니다.

　같은 학교에서 구약학을 강의하시는 박동현 교수님께서 자신의 수상집, 포기할 수 없는 사랑을 위하여 한 권을 제게 선물로 주셨습니다. 그래서 틈날 때마다 읽어 보았는데 그 중 '그 누구와 시간을 같이 보낸다는 것은' 이란 글이 눈에 들어왔습니다.

일이 너무 많고 바빠서 아내와 같이 있을 틈이 없는 남편은, 자녀와 같이 지낼 시간이 없는 어버이는, 부모님과 함께 할 시간이 없는 자식은, 교인들과 함께 지낼 겨를이 없는 교역자는, 제자와 함께 보낼 시간이 없는 선생은, 좋은 남편, 좋은 어버이, 좋은 자식, 좋은 교역자, 좋은 선생이 되기 힘듭니다.

…나와 함께 시간을 보내려는 자식, 아내, 교인, 제자는 그렇지 않아도 바쁘고 힘든 나를 더욱더 힘들게 하는 사람들이 아닙니다. 나의 삶을 더욱더 풍성하게 하는 나의 어버이요, 배우자요, 목회자요, 스승입니다. 어버이는 자식과 함께 시간을 보내면서, 남편은 아내와 같이 시간을 보내면서, 교역자는 교인과 함께 시간을 보내면서, 선생은 제자와 함께 시간을 보내면서 자신의 삶을 키웁니다. 넓힙니다. 길든 짧든 그 누구와 시간을 같이 보낸다는 것은 나의 삶을 그와 나누는 것이요, 그의 삶에 내가 동참하는 것입니다. 그리하여 우리의 삶을 가꾸는 것입니다.

우리는 때로 정말 중요한 것이 무엇인지 잊고 지내는 것 같습니다. 오히려 덜 중요한 것에 애태우고 안타까워합니다. 나를 정말 풍요롭게 만들 사람들을 무시한 채, 일이, 업무가 나를 더 풍요롭게 만들 것이라고 생각합니다. 박동현 교수님이 말하는 것처럼 그 누구와 시간을 같이 보내는 것을 아까워해서는 안 됩니다. 결국 그는 내가 하고 있는 일보다 중요한 사람이며 나를 더욱 풍성하게 할 존재이기 때문입니다.

그 누구와 시간을 함께 보낸다는 것은 정말 중요합니다. 인간관계를 돈독하게 이끄는 정(情)과 시간은 정비례하기 때문입니다. 사람에게 산소가 없다면 산소결핍증에 걸려 뇌에 치명적인 상처를 갖게 되거나 심하면 목숨을 잃게 되듯, 그 누구와 시간을 같이 보내지 못하면 나는 그에게서 기억되지 못하거나 영영 죽은 사람처럼 여겨지게 됩니다. 그러므로 그가 나를 어떻게 바라보고 있는지 볼 수 있는 민감한 눈을 가지면 좋겠습니다. 그래서 그가 나를 필요로 한다면 열 일 제쳐두고 그와 함께하면 좋겠습니다.

당신이 있어 행복합니다란 책에는 '아빠의 만 원'이란 이야기가 있습니다. 내용 전체를 소개하기엔 지면을 너무 많이 차지 할 것 같아 내용을 간추려 보겠습니다.

한 아이가 있었습니다. 아이는 늦은 밤까지 자지 않고 아빠가 퇴근하길 기다렸습니다. 이윽고 아빠가 들어오셨습니다. 아이는 "아빠, 잘 다녀오셨어요? 수고 많으셨어요!"하고 예쁘게 인사하는 대신, 들어오는 아빠에게 대뜸 물었습니다. "아빠, 아빠는 한 시간에 얼마 벌어?" 아이의 느닷없는 질문에 아빠는 화가 났습니다. 도대체 얼마나 조금 벌기에 이렇게 늦게까지 일하는 것이냐는 질책처럼 여겼기 때문입니다. 아빠는 "한 시간에 만 원 번다, 이놈아!"하고, 아이의 머리를 한 대 쥐어박았습니다. 그리기는 방에 들어가 옷을 갈아입으며 괜히 혼냈나 싶어 아이가 자는 방으로 들어갔습니다. "너 왜 아빠가 한 시간에 얼마 버냐고 물어봤냐? 너 돈 필요하냐?" 그러자 누워 있던 아이가 몸을 일으키며, "네, 아빠 사실은 오천 원이 필요해요."라고 대답하였습니다. 아빠는 한심스러운 듯 쳐다보며 아이에게 오천 원을 주었습니다. 그리고 아빠에게 한 시간에 얼마 버냐고 묻는 게 얼마나 버릇없는 것인지 알려주었습니다. 그런데 아빠의 말이 다 끝나기도 전에 아이가 베갯잇 속에 꼬깃꼬깃 모아 둔 천 원짜리 다섯 장과 금방 받은 오천 원을 포개 아빠에게 다시 주며 말했습니다. "아빠, 내일 저한테 한 시간만 파세요. 내일 한 시간만 일찍 들어오세요. 아빠 식사도 제대로 못하셨죠? 저하고 같이 저녁 먹어요."

아이에게 필요한 것은 돈이 아니라 아빠였습니다. 꼬깃꼬깃 돈을 베갯잇 속에 모아 둔 걸 보면 돈 역시 아이에게 소중한 것이었음에 틀림없습니다. 그러나 아이는 그 소중한 돈으로 더 소중한 것을 사고 싶었습니다. 바로 아빠의 시간이었습니다. 아마 아빠도 아이의 심정을 알게 되었을 것입니다. 그래서 내일은 반드시 일찍 들어오리라 마음먹었을 것입니다. 적어도 그렇게 바라보는 아이를 눈에 그득 담을 수 있는 아빠라면 응당 그리했을 테니까요.

글을 읽고 또 감동을 받았습니다. '이런 아들이 있다니!' 생각했습니다. 그래서 우리 아들들에게도 한번 해보자 싶었습니다. 두 아들을 불러

앉혀 놓고 '아빠의 만 원' 글을 읽어 주었습니다. 다 읽고 난 후, 아이들에게 천 원씩 주며 이렇게 말했습니다.

"너희도 만 원 모으면 아빠한테 줘. 아빠가 한 시간 같이 놀아 줄게."

책대로라면 꼬깃꼬깃 베갯잇에 넣어둬야 하는데, 이 녀석들, 제 얘기는 들은 체 만 체 그대로 나가더군요. 그리고는 곧바로 문방구로 가서 과자와 껌을 사먹고 들어오는 게 아니겠어요. 어쨌든 삶이 나를 속일지라도 슬퍼하거나 노여워하지 말자 싶었습니다.

아름답게 살아가는 사람들에겐 보다 중요한 것을 바라보는 눈이 있어야 합니다. 이것을 영어로는 'Responsible eye'라고 일컫습니다. 'Responsibility', 우리말로 하면 '책임감'입니다. 우리는 책임감 하면 윤리적, 도덕적 당위를 생각합니다. 무엇인가 반드시 그렇게 해야 한다는 의무 말입니다. 그런데 이 단어를 자세히 보면 또 다른 의미를 발견할 수 있습니다.

이 단어는 두 가지 단어의 조합으로 이루어진 말입니다. 즉 'Response'와 'Ability'. 특히 'Ability'라는 말은 '여력이 있다', '가능하다'는 'Capacity'의 뜻입니다. 그러므로 두 단어를 직역하면 '응답 가능성' 혹은 '응답 여력'이라는 말입니다. 즉 우리가 알고 있는 책임감은 바로 응답 여력을 일컫는 말입니다. 예를 들면, 누가 땅이 꺼져라 한 숨 쉬고 있을 때 그에게 가서 그 한숨에 응답하는 것입니다. "힘든 일 있으세요?" 또한 누군가 힘늘어하는 사인을 보내면, 나 몰라라 하지 않고 응답하는 것입니다. "식사는 하셨어요? 무슨 문제 있으세요?" 바로 이것을 책임감이라 말하는 것입니다.

 책임감을 잃지 않으면 좋겠습니다. 바라봐야 하는 것을 바라보면 좋겠습니다. 억지로 눈을 돌려 외면하지 않으면 좋겠습니다. 책임감 넉넉한 눈을 소유한 사람을 아름답다 말합니다. 당신의 눈은 이렇듯 넉넉하신지요?

아름다움 **다섯**_5

아름답게 살아가는 것의 의미

　　　　　　아름답게 살아가는 것에 대해 제가 지금껏 끌어온 한 가지 기초는 "현실" 혹은 "존재"라는 인식입니다. 아름다움을 말하며 아름답게 사는 것을 형이상학적 혹은 철학적 개념만으로 풀어내고 싶지 않았기 때문입니다. 오히려 아름다움을 말하며 아름답게 살아가는 것을 우리의 존재에 잇대고 싶었습니다. 그래서 아름답게 살아가는 것을 '자연스럽다', 혹은 '일상이다'라고 불렀던 것입니다.

　이러한 인식을 갖게 된 것은 제가 가진 실천신학적 배경 때문입니다. 목회상담학은 실천신학의 기본자세에 동의하는 학문 분야입니다. 그리고 실천신학은 말 그대로 신학의 이론적 측면뿐 아니라, 실천적 측면까지 학문적 탐구를 넓혀 가겠다는 의지입니다. 때문에 신학적 차원에서 인간의 삶을 조명하기도 하고, 인산의 평범한 사회 문화 현상에서 신학을 재조명하기도 하는 이론과 실천 사이의 담론을 끊임없이 잇대고자 노력하는 학문입니다.

목회상담학 역시 같은 맥락에서 상담학 혹은 심리학이라는 인간의 심리 내적 역동을 하나님의 창조 섭리와 잇대어, 상처받은 영혼을 어떻게 이해하고 돌볼 것인가를 탐구하고, 삶의 현장에서 실천적으로 살아내겠다는 몸부림과도 같은 학문입니다. 바로 이 때문에 아름다움을 우리 존재의 평범함으로, 실존의 연약함에서 이해하려 했던 것입니다.

미국에서 박사과정 수업을 들을 때였습니다. 코스워크(Coursework) 선택 과목으로 '칼 바르트의 교회교의학' 과목을 수강하였습니다. 조직신학 전공생들이 듣는 필수과목이었지만 바르트라는 신학자의 글에 감동한 부분이 많았기에 선택과목으로 수강을 결정했었습니다. 하지만 수업을 듣는 내내 편치 않았습니다. 물론 조직신학의 학문적 특성상 변증적이며 철학적 담론을 해야 하는 것은 참으로 중요한 것입니다. 하지만 지나치게 현실과 멀게 느껴졌습니다. 그것이 못내 아쉬웠습니다.

그러던 중 발제를 맡게 되어, '바르트의 교회에 대한 심리적 인식' 이란 주제로 발표를 했습니다. 바르트라는 사람이 사회운동가로서 혹은 신학자로서 가졌던 교회에 대한 의미를 그의 생애와 심리적 측면에서 연구발표한 것이었는데, 발제를 듣는 교수님이나 학생들은 편치 않았던 모양이었습니다. 그 수업이 제게 원했던 것은 '바르트 교회론'이었는데 제가 나름대로 주제를 풀어 실천신학적 측면에서 발제를 풀어갔기 때문에, 듣는 사람들의 입장에선 좀 엉뚱한 발제다 여겨졌던 것입니다. 십여 분 발표했을까, 교수님께서 발표를 중단시키시더니 논의의 주제를 바꾸었습니다. 그리고 그때부터 '교회의 순간적 영원성(Temporal eternity)'과 '영원적 순간성(Eternal temporality)'에 대해 토론이 시작되었습니다. 적잖이 당황한 것은 오히려 저였습니다. 도저히 참을 수 없었던 저는 이렇게 말했습니다.

이 시간은 내 시간입니다. 내가 발표하는 시간이기 때문에 주제에 대한 나의 생각에 대해 토론하면 좋겠습니다. 물론 여러분은 제가 꺼낸 주제 자체에 별 관심이 없겠지만, 그래도 함께 토론하는 것이 발제를 준비한 사람에 대한 예의가 아닐까요? 지금껏 여러분이 해왔던 토론에 그다지 동의하지 않았지만 저는 열심히 들었습니다. 그러므로 저의 이야기에도 똑같이 귀 기울여 주면 좋겠습니다. 내게 의미 있는 것은 인간입니다. 바르트가 어떤 마음에서 교회론을 썼는지 이해한다는 것이 왜 그렇게 외면되어야 하는 것인지요? 그의 심리를 통해 그의 이론을 생각한다는 것이 잘못입니까? 저는 적어도 신학이라면 철학적 정의뿐만 아니라 상황과 존재에 잇댄 담론이 있어야 한다고 생각합니다.

그때부터 수강하는 다른 학생들과 논쟁이 붙었습니다. 요약하면 이들의 생각은 '바르트의 교회교의학은 그의 개인적 신앙을 바탕으로 쓰여진 것이 아니라, 교회 자체의 신앙에 대해 쓴 것이다'라는 것이었고, 제가 가진 반론은 '그렇다면 그의 글은 자신의 삶과 무관한 것인가? 그의 글을 읽고 눈물 흘린 나는 그의 삶에 참여한 것이 아니란 말인가?'였습니다.

수업이 끝나고 서로 기분이 언짢아 있는데 호주 출신의 한 학생이 제게 와서 말했습니다.

"네가 말하는 신학은 재활용 같아. 왠지 알아? 쓰레기통 속에서 뭔가 건질 것 없나 찾고 있기 때문이야."

이 친구는 제가 가진 신학을 '재활용'이라고 비꼬았습니다. 프로이트나 융, 이런 사회과학자들의 심리학적 논의를 신학적 담론의 차원으로 끌어오는 것 자체가 쓰레기통 속에서 뭔가 중요한 게 있나 찾는 것이나 다름없다는 말이었습니다. 그래서 그 친구에게 좋은 지적을 했다고 말했습니다.

"네 말이 맞아. 나는 재활용 신학자야. 너 같은 사람들이 아무렇게나 쓰레기통에 내던진 소중한 보물을 다시 찾으려면 내가 어떻게 해야 하겠니? 쓰레기통에 들어가는 것은 내게 창피한 일이 아니야. 먼지도 냄새도 상관없지. 보물을 다시 찾을 수 있다면 난 괜찮아."

실천신학자로서 목회상담, 기독교상담을 가르치는 제게 중요한 것은 바로 '실천'이라는 단어입니다. 이 '실천'이라는 단어엔 '경험'과 '존재'라는 중요한 개념이 담겨 있습니다. 형이상학적 담론으로는 도저히 맛볼 수 없는, 그래서 사람 냄새나는 그런 개념들입니다. 철학적 담론을 제 아무리 훌륭하게 펼친다 해도 경험적, 존재론적 담론과 조화를 이루지 못하면 이 땅을 살아가는 우리와 전혀 무관한 것이 됩니다. 저는 신학자로서 신학이 사람과 무관하다 말하고 싶은 사람이 아닙니다. 그래서 아름다움을 형이상학적 개념으로 이해해서는 안 됩니다. 아름다움을 살아내는 것이 중요합니다.

우리가 비전(Vision)을 말할 때에도 분명히 알아야 할 것이 있습니다. 비전을 흔히 미래의 큰 그림 정도로만 생각하는 사람들이 많은데, 비전은 분명, 몽상(Daydream)과는 전혀 다릅니다. 비전에는 세 가지 요소가 있습니다. 그리고 이 세 가지 요소 가운데 어느 하나라도 결핍되거나 상실되면 비전이라 할 수 없습니다.

비전의 첫째 요소는 몽상이 말하는 것과 비슷하게 여겨지는 미래의 어떤 그림, 청사진(Blueprint)입니다. 바라고 원하는 것에 대한 그림입니다. 쉽게 말해 '내가 좋아하는 것이 무엇인가?'에 대한 구체적인 표현입니다. 하고 싶은 것 없이 이 그림은 완성될 수 없습니다. 많은 청소년과 청년들이 '하나님의 뜻'에 대해 알고자 합니다. 그러나 묻고 싶습니다. "네가 좋아하는 것은 무엇인가?" 자신이 무엇을 좋아하는지도, 무엇이 자기를 기쁘게 하는지도 모르면서, 하나님의 뜻에 대해 말한다는 것은 너무나 막연한 것임을 알아야 합니다.

또한 이 미래에 대한 청사진은 반드시 현실 존재에 잇대어 있어야 합니다. 그것이 두 번째 요소입니다. 즉 비전의 두 번째 요소는 바로 '현재 위치' 입니다. '현재 위치'를 쉽게 말하면, '네가 잘하는 것은 무엇이냐?' 란 질문과 관계가 있습니다. 자신에게 어떤 재능이 있는지, 무엇을 잘하는지, 자신을 살펴보고 점검하는 것이 중요하다는 것입니다. 흔히 사람들은 자신의 경험을 아무것도 아닌 것으로 평가절하할 때가 많습니다. 겸손과 비하는 구분해야 합니다. 자신이 경험한 말도 안 된다 여겨지는 경험도, 별반 내세울 게 없다 여겨지는 지난날의 배움도, 지우고 싶은 상처도 우리의 재능이란 사실을 기억해야 합니다. 바로 그것 덕에 자신이 존재하기 때문입니다. 사신의 현재 위치를 분명히 아는 사람은 자신에 대해 민감합니다. 자신이 가진 것을 귀한 달란트라 여기며, 그것을 어떻게 사용할 것인가에 대해 생각할 줄 아는 민감한 사람입니다.

세 번째 비전의 요소는 비전의 첫째와 둘째 요소를 연결 짓는 작업입니다. 이것을 '경로 찾기(Finding routes)' 라고 말합니다. 즉 현재 위치에서 어떻게 미래의 청사진을 만들어 갈 것인가에 대한 분명하고 체계적인 실천 계획을 의미합니다. 이 작업을 할 때, 반드시 질문해야 하는 것은 "내가 잡고 있는 경로가 옳은 방향으로 설정되어 있는가?" 입니다.

사실 이 비전에 대한 논의를 성경 데살로니가전서 5장 16-18절 말씀으로도 이해할 수 있습니다. 이것은 성경이 말하는 대표적인 '하나님의 뜻'에 대한 말씀입니다. 하나님의 뜻이 무엇일까요?

먼저 항상 기뻐하는 것입니다(16절). 어떻게 항상 기뻐할 수 있을까요? 아마 자신이 좋아하는 일을 할 때 가능하지 않을는지요? 자기가 좋아하는 일을 하면 시간 가는 줄 모릅니다. 많은 시간을 보내고도 '시간이 벌써 이렇게 되었나?' 스스로 의아해합니다. 좋아하는 일을 하면 좋겠습니다. 그것이 항상 기쁠 수 있는 비결입니다.

하지만 좋아하는 일을 하라고 한다 해서 잘못을 저지르라는 말은 아닙니다. 다음 말씀, "쉬지 말고 기도하라(17절)"를 기억해야 하기 때문입니다. "항상 기뻐하라"의 "항상"과 "쉬지 말고 기도하라"의 "쉬지 말고"는 댓구를 이루고 있습니다. 그러므로 자신이 좋아하는 일을 할 때, 그것에 정신없이 몰입되어 기쁨을 누리고 있을 때, 그것이 정말 하나님께서 기뻐하시는 일인지 아닌지를 분별할 수 있어야 합니다. 그렇기 때문에 기도해야 하는 것입니다.

마지막, "범사에 감사하라(18절)"는 말씀은, 남이 가진 것을 감사하라는 것이 아니라, 자기 스스로가 지니고 있는 것에 대해 감격하라는 말씀으로 이해해야 합니다. 자기가 지닌 것은 자신이 살아온 삶의 발자취이며, 자신에게 가장 익숙한, 그래서 잘 알고 잘 하는 것입니다. 결국 데살로니가전서가 말하는 하나님의 뜻은, 자기가 좋아하고 잘하는 것이 옳은지 하나님 앞에서 분별하며 살아갈 때 이루어지는 것입니다.

비전, 하나님의 뜻을 이렇게 이해하듯 아름다움의 의미를 우리의 삶으로 끌고 올 수 있어야 합니다. 그것이 아름다움에 대한 바른 이해입니다. 그래서 아름다움이란 말은 마냥 행복하고 즐거운 것만이 아닙니다. 아픔과 고통도 포함하는 단어입니다. 하지만 그럼에도 불구하고 삶의 실존에서 평안(Shalom)을 경험하는 것입니다.

평안(Shalom)은 '고요함'입니다. 고요함은 적막과 다릅니다. 적막은 정말 아무것도 들리지 않는 상태를 일컫는 말이나, 고요함은 귀에 들리는 소음과는 상관이 없는 말이기 때문입니다. 많은 사람들이 시끄럽게 떠드는 장터에서도, 아이들의 요란한 소리가 끊이지 않는 운동장에서도, 바쁜 걸음을 재촉하며 앞만 보고 달려가는 지하철역에서도 누릴 수 있는 것이 고요함입니다.

고요함은 인간 내면의 평정(Serenity)과 깊은 연관성이 있습니다. 무엇인가가 충족되었다고 해서 느껴지는 것이 아닙니다. 무언가 채워지지 않아도 누릴 수 있습니다. 흔히 '바닥이 드러난다'라고 합니다. 내몰린 것 같은 상황에서 자신의 가면(Persona)이 벗겨진 것을 일컫는 말입니다. 이렇게 되면 사람들은 그동안 감춰왔던 자기를 나타냅니다. 욱하는 성질로 폭력적이 된다거나, 스스로를 향해 폭력을 행사합니다. 여러 가지 이상 행동을 통해 자신은 물론 주변에 있는 사람들을 힘들게 하기도 합니다. 느긋하다 여겼던 마음은 온데간데없어지고 평정을 잃어버립니다. 하지만 고요함은 무엇인가 채워지지 않아도, 설령 그러한 상황이 나를 힘들게 한다 할지라도 그것에 아랑곳하지 않는 마음입니다. 이를 달관의 경지로 생각하거나 불교에서 말하는 해탈(Nirvana)의 의미로 여길지도 모르겠습니다. 하지만 그것은 제가 말하는 고요함의 의미를 충분히 조명하지 못한다고 생각합니다. 왜냐하면 고요함 역시 아름다움과 함께 철저히 현실과 실존의 의미에 잇대어 있기 때문입니다.

고요함을 누리기 위해 회피하거나 극복하라는 말이 아닙니다. 오히려 나를 힘들게 하는 상황을 두 눈 똑바로 뜨고 바라보라는 의미입니다. 현실이 나를 얼마나 힘들게 하는지 온몸으로 느끼고 받아들이라는 것입니다. 지옥과도 같은 현실을 두 눈 부릅뜨고 바라보는 것은 결코 쉬운 일이 아닙니다. 하지만 그렇게 해야 합니다. 눈을 감고 없었던 일인 듯 여기며 살아서는 안 됩니다. 내면 깊이 절규할 수밖에 없는 당황스러움과 곤혹스러움 속에서 그로 인해 살아있는 것이 힘들다 여겨질 때에도, 현실을 피하지 않아야 합니다.

현실을 직면하기가 너무 어려워, "그렇게 살 수 있는 사람은 없다"고 잘라 말할 수도 있고, 그렇게 살고자 하는 것이 비현실적이라고 비판할 수도 있습니다. 그러나 두 눈 부릅뜨고 현실을 보지 않으면, 현실은 실재(Reality)로 남지 않고 환상(illusion)이 되어버림을 기억해야 합니다. 다른 길은 없음을 인정해야 합니다. 지구에서 살아가는 실존이라면 현실을 무시할 수 없습니다. 때문에 힘겹고 죽을 것 같아도 현실을 직시하고 받아들여야 합니다. 그러므로 고요함은 욕심과 욕구를 충족시켜 '다 이루었다'며 강렬한 기쁨을 갖는 것이 아닙니다. 욕구 충족과 상관없는 평안(Shalom)의 '다 이루었다'를 의미합니다. 마치 예수 그리스도께서 십자가 위에서 하신 "다 이루었다"의 말씀처럼 말입니다.

예수님께서 말씀하신 "다 이루었다"라는 말씀을 현실과 상관없는, 미래에 이루어질 하나님 나라와 구원에 대한 것으로 이해한다면 그것은 반쪽짜리 이해입니다. "다 이루었다"라는 말씀은, '성육신'한 실존으로서의 예수님께서 현실에서 이루셔야 할 스스로의 역할을 다 이루셨다는 의미로도 이해할 수 있어야 합니다. 물론 예수님께서 "다 이루었다"라고 하셨을 때는 구속사적인 측면에서 '초우주적인 완성'을 말씀하신 것입니다. 그러나 이와 함께, 현실적 실존으로서 예수님은 그가 이루셔야 했던 십자가의 길을 걸으신 후 "다 이루었다" 말씀하신 것으로도 이해해야 합니다. 그의 실존적이며 개체적인 완성을 말씀하신 것입니다.

그렇다면 '개체적 완성'은 무엇을 말하는 것일까요? '개체적 완성'은 '개체성(Individuality)의 개발(Development)'을 이루는 것을 말합니다. 이 개발은 초월적(Transcendental)인 개발을 뜻하는 것이 아닙니다. 그래서 초인적인 어떤 기적과 표적을 이루어야 개발을 온전히 성취했다고 하지 않습니다. 개체성의 개발은 인간 한계의 영역을 인정하며 이루어가는 개발을 의미합니다. 즉, 자신이 할 수 있는 한계 안에서 자신을 반짝반짝 빛나게 하는 것입니다.

샌프란시스코 신학교 총장을 역임하다 지금은 솔트레이크 신학교의 총장으로 있는 도널드 맥컬로우(Donald McCullough)는 자신의 책, 모자람의 위안에서 이렇게 말했습니다.

'적극적 사고방식'의 철학은 틀렸다기보다 불완전하다. 그것은 전체를 말해주지 못한다. 아무리 결심이 단호해도 넘어설 수 없는 한계가 있다는 사실이 쏙 빠져 있는 것이다. 당신의 길은 벽에 가로막힐 때가 있으며, 아무리 자신을 다독이고 도움닫기 거리를 확보하여 속도를 높인다 해도 그 벽은 절대 뚫리지 않는다. 아내가 떠나고 막내아이가 죽을 수도 있다. 자신의 성품이 지닌 심각한 도덕적 결함에 정면으로 부딪치기도 하고 인생의 절정기 20년을 보낸 회사에서 해고당할 수도 있다. 이런 상황에서 힘내라고 자신을 다그치는 것은 별 도움이 안 된다. 그런데 우리는 왜 적극적 사고라는 술병을 버리지 못할까? 우리도 주변 문화에 휩쓸려 "하면 된다"는 술집에서 폭음을 일삼고 있는 것이다. 그것으로 삶이 지탱되지도 않고 아침이면 오히려 속만 쓰릴 것을 알면서도 말이다. 술집을 뛰쳐나오기가 왜 그렇게 어려운가? 우리가 술을 끊지 못하는 진짜 이유는 두려움이다.

맥컬로우가 말하는 두려움은 한계를 인정하는 것에 대한 두려움입니다. 한번도 한계를 은총이라고 생각해 본 적 없기에 한계를 말하는 것을 마치 실패인 양 좌절로 이해하고 몸서리치는 것입니다. 우리는 '해야 한다. 하면 된다!'는 억지 속에 자신을 옥죄고 있습니다. 그러나 '적극적 사고방식'이 '한계에 대한 인정'과 만날 때 더욱 빛나게 됨을 알아야 합니다. 한계를 인정하는 사람이야말로 진정으로 적극적인 삶을 살아갈 수 있기 때문입니다.

성경 빌립보서 4장 13절은 이렇게 말합니다.

내게 능력 주시는 자 안에서 내가 모든 것을 할 수 있느니라
(빌 4:13)

그러나 이 말씀은 아무나 하는 것이 아님을 알아야 합니다. 자신의 한계를 깊이 인정할 줄 아는 사람들에게 말할 자격이 주어집니다. 그래서 바울은 이 말씀 앞에서 이렇게 말합니다.

내가 궁핍하므로 말하는 것이 아니니라 어떠한 형편에든지 나는 자족하기를 배웠노니 나는 비천에 처할 줄도 알고 풍부에 처할 줄도 알아 모든 일 곧 배부름과 배고픔과 풍부와 궁핍에도 처할 줄 아는 일체의 비결을 배웠노라 (빌 4:11-12)

소설가 이철환 작가는 반성문에서 아프지만 이렇게 노래했습니다.

개나리꽃을 꺾어본 아이들은

개나리꽃을 사랑할 수 있다.

잠자리 날개를 꺾어본 아이들은

잠자리를 사랑할 수 있다.

쓰러질 때마다 진실 한 조각을

주울 수 있다는 것을 나는 몰랐다.

넘어지면서 일어서는 법을 배울 수 있다는 것을

나는 몰랐다.

그림을 자꾸자꾸 망쳐야

좋은 그림을 그릴 수 있다는 것을 몰랐고,

풀꽃들은 일어서기 위해 당당히 쓰러진다는 것을 몰랐다.

진실한 사람이 되고 싶었다면,

나는 눈사람처럼 무너져야만 했다.

진실한 사람이 되고 싶었다면,

나는 눈사람처럼 일어서야만 했다.

쪽팔린다 해도.

상처받는다 해도.

눈사람처럼 한 걸음도 걸어갈 수 없다 해도.

진실한 사람이 되고 싶었다면,

정말 진실한 사람이 되고 싶었다면.

작가의 아픔이 내 마음까지 찢어 놓는 것을 보며 스스로에 대해 절로 반성문이 써집니다. 그래서 죄인이라고, 별것 아닌 죄인이라고 고백하게 됩니다. 자신의 한계를 뼈저리게 느낄 때, 바로 이때가 한계에 대한 적극적 활용의 시기입니다. 그래서 좌절이 아닌, 어떤 커다란 의미를 누리게 되는 것입니다.

장 프랑수아 밀레(Jean-Francois Millet)
〈만종 L'Angelus〉 1858~1859

한계의 적극적 활용은 우리 내면의 뿌리 깊은 평안에 기초합니다. 이 잔잔하고도 고요한 평안은 마치 밀레의 '만종'에서 느껴지는 강렬하면서도 잔잔한, 장엄하면서도 평온한 느낌과 잇대어 있습니다. 여전히 할 일이 많을 것입니다. 다 끝낸 것이 아닙니다. 다 정리한 것도 아닙니다. 그런데 "다 이루었다" 고백하는 것입니다. 그리고 하나님께 기도하는 것입니다. 가난한 두 손을 모아 오늘을 있게 하신 창조주 하나님께 감사하는 것입니다.

아직 할 일이 많이 남아 있을 겁니다. 소쿠리에 감자가 가득하지 않기 때문입니다. 기도 후 돌아갈 집에는 가난한 아이들의 눈물이 가득할 것입니다. 가난한 어깨 위에 쪼들린 일상의 무거움이 실려 있습니다. 하지만 그득함을 느낍니다. 오늘 해야 할 실존의 역할을 다 했기 때문입니다.

세상이 바뀌거나 천지가 개벽할 그런 일을 행한 것이 아닙니다. 하지만 그들로서는 최선을 다했습니다. 부족한 것이 너무 많지만 오늘을 살게 하신 하나님께 두 손 모아 감사하는 것입니다. "이제 그만하면 되었다." 여기는 것입니다. 이것이 예수 그리스도의 "다 이루었다"에 대한 실존적이며 현실적 차원의 이해이며, 이것을 고요라고, 평안(Shalom)이라고 말하는 것입니다. 이 얼마나 아름다운 모습입니까! 채워지지 않았으나 풍요로운, 잡다한 소음에 귀가 따가울 일이나 고요한, 그래서 아름다운, 참 아름다운 세상입니다. 이 세상에서 그득하고 넉넉한 마음으로 행복하다 누리는 것입니다.

〈 흔들리며 피는 꽃 〉_ 도종환

흔들리지 않고 피는 꽃이 어디 있으랴
이 세상 그 어떤 아름다운 꽃들도
다 흔들리면서 피었나니
흔들리면서 줄기를 곧게 세웠나니

흔들리지 않고 가는 사랑이 어디 있으랴

젖지 않고 피는 꽃 어디 있으랴
이 세상 그 어떤 빛나는 꽃들도
다 젖으며 젖으며 피었나니
바람과 비에 젖으며 꽃잎 따뜻하게 피웠나니
젖지 않고 가는 삶이 어디 있으랴

에필로그

　　젖먹이 큰아이를 데리고 미국으로 들어가 산 지 4년 만에 처음으로 유아원(Preschool)에 데려갔습니다. 공교육이 시작되는 초등학교 유치부 과정에 들어가기 전, 적어도 6개월은 다녀야 학교에 가서 어렵지 않다는 말을 듣고, 프린스턴신학교 학생 자녀들을 위해 특별히 저렴한 학비로 운영하는 "CN Center"라는 유아원에 아이를 데리고 갔습니다.

　아무리 미국서 몇 년을 살았어도 한국인 부모와 같이 24시간 붙어 있었기에 미국말 한마디 하지 못하는 아이가 걱정이었습니다. 울며 매달리는 아이를 간신히 떼어 놓고 밖으로 나와 어떻게 하나 창밖에서 지켜보았습니다.

　유아원 프로그램이 시작된 첫 시간, 아이들이 모두 모여 손에 손을 잡고 둥글게 돌며 노래를 불렀습니다. 우리나라 "둥글게, 둥글게, 빙글빙글 돌아가며 춤을 춥시다~"라는 동요처럼 미국아이들이 부르는 노래가 있습니다. "Ring around O' roses, A pocketful of posies, Ah-tishoo Ah-tishoo! We all fall down!" 무슨 노래를 부르는지 영문도 모르고 따라 돌던 큰아이가 갑자기 잡고 있던 다른 아이들 손을 놓쳤습니다. 그리곤 그만 떠밀려 아이들이 돌고 있는 원 한가운데로 들어가 버리고 말았습니다.

부동자세로 어찌할 바를 모르며 겁먹은 얼굴로 눈물만 흘리는 아이를 밖에서 보고 있자니 마음이 아팠습니다. 평소에도 낯가림이 심하고 무서움을 잘 타는 아이인데다, 문화도 얼굴도 얼굴색도 다른 곳에 아이를 두고 나왔으니…. 그 후로도 몇 날을 힘들어 했지만 다행히 하나님께서 좋은 선생님을 만나게 하셔서 잘 적응할 수 있게 되었습니다.

어쩔 줄 몰라 하는 아이를 바라보며 제 자신을 생각하게 되었습니다. 먼 나라에 와서 사는 저도 그런 모습일 때가 많았습니다. 어찌할 바를 몰라 힘들고 아플 때가 많았습니다. 남편으로, 아버지로, 가정을 이끌어야 한다는 생각에 애써 눈물 보이진 않았지만, 어쩔 줄 몰라 두 눈만 휘둥그레져서 당황해 할 때가 많았습니다. 공부와 교회사역, 아르바이트와 학교에서 가르치는 일까지, 많은 일을 해내며 마치 아무것도 아닌 듯 내색 않고 살았는데, 아이들이 만든 둥근 원 안에서 온통 자기와 다른 사람들에 둘러싸여 두려움에 우는 아이를 보면서 나를 발견했던 것입니다.

창밖에서 창 안에 있는 나를 바라보며, 그런 세상에 살면 좋겠다 싶었습니다. 말이 달라도, 문화가 달라도, 피부색과 생각하는 것이 달라도 "집"과 같은 세상, 그런 세상에서 살면 좋겠다고 생각했습니다. 우리 집에서 멀리 떨어져 살아도 우리 집에 사는 것 같은 세상, 그래서 바라보이는 내가, 바라보는 그가 친근하고 따뜻하게 여겨지는 그런 세상에서 살면 좋겠다고 생각했습니다. 그런 세상은 분명 아름다울 것이라고 생각했습니다.

아름다움에 대한 고민은 사실 이때부터 시작되었습니다. 그래서 공부하며 미학과 해석학, 정신분석학에 열중하였고, 이를 신학적 담론으로 이끌어 아름다움을 추구하는 것이 무엇인지를 연구하게 되었습니다. 박사학위 논문으로 향수(鄕愁)에 대해 쓰며 우리의 정서인 향수감정이 하나님나라를 이 땅에서 그려낼 수 있는 가능성이라 말하며 "집"과 "집짓기"의 개념을 아름다움으로 이해하려 노력하였고, 향수감정을 통해 어떻게 신학과 심리학이 조화를 이루어 갈 수 있는지를 학제성(Interdisciplinarity)과 내관(Introspection)이라는 연구 방법론을 통해 밝히고자 했습니다.

연구가 진행될수록 아름다움이 우리 안에 있음을 알게 되었습니다. 삐뚤빼뚤 그려가는 몽당연필 같은 우리네 삶이지만 그것이 아름다움 자체란 것을 알게 되었습니다. 그래서 "산다"는 말을 하게 된 것입니다. 신앙을 산다, 성경을 산다, 아름다움을 산다, 사랑을 산다. 그리고 산다는 것이 힘든 세상이지만 이를 악물고라도 "살아내야" 한다고 생각하게 되었습니다. 그래야 아름다움이 반짝이게 되고, 그렇게 되면 집짓기가 가능해 질 테니까요. 때문에 우리 이야기를 하고 싶었습니다. 사람이야기 안에는 우리의 삶이 아름다움으로 존재하고 있으니까요.

7년간의 미국 생활을 뒤로하고 우리나라에 들어온 지 벌써 5년이 지났습니다. 온 세상을 다 집으로 여기자 다짐했음에도 집에 오니 참 좋았습니다. 미국서 살았다면 느끼지 못했을 행복을 느끼고 있으니 말입니다. 온 가족 도란도란 순대도 먹고, 떡볶이도 먹고, 텔레비전도 볼 수 있으니 말입니다. 하지만 처음엔 귀국했다는 즐거움에 묻혀 보이지 않았던 것들이 요샌 종종 보입니다. 우리나라의 경쟁적 교육문화, 미친 듯 널뛰는 부동산 가격, 소외계층과 이주여성들의 아픔, 아파트 층간 소음으로 인한 갈등… 살다보니 힘든 것이 한두 가지가 아니다 싶습니다. 하지만 '잘 살아야지!' 다짐해 봅니다. 끝끝내 아름다움을 '살아내야지!' 다짐해 봅니다.

아름다움을 누리며 살아내는 사람으로 살아가겠습니다. 경쟁보다는 관용이, 이루어야 할 목표보다는 사람이 먼저 눈에 보이는, 그래서 사람이 꽃보다, 그 무엇보다 아름답다는 믿음을 살아내는 아름다운 사람이 되면 참 좋겠습니다.

따뜻한 사람이 세상을 정말 따뜻하게 만드는 것을, 사람을 만나며 알게 되었습니다. 그저 36도 어간의 인간체온이 세상을 뜨겁게 달구기도 한다는 것을 알게 되었습니다. 그래서 좋은 사람을 만나는 것은 분명 기적과도 같은 은혜이며, 하나님께서 정말 잘 해 주시는 것입니다.

하나님의 은혜로 전 참 좋은 사람들을 만나게 되었습니다. 가장 닮고 싶은 든든한 버팀목인 아버지 이용우 목사님, 아낌없는 사랑과 기도의 어머니 김경자 사모님, 언제나 든든한 삶의 현숙한 동반자인 아내 박은정, 그리고 밝고 건강한 보물인 두 아들, 찬희와 찬영이… 이들과 가족으로 만나 넉넉한 울타리인 집을 만들게 된 것은 제게 큰 은총입니다.

더욱이 목회자의 의미와 가치를 일깨워주신 무학교회 김창근 목사님, 가르침의 맛과 멋을 일깨워주신 서울여대 장경철 교수님, 참 그리스도인의 모습에서 언제나 한 수 배우는 "연탄길"의 저자 이철환 작가님, 그리고 학문에 대한 순수한 열정과 상담목회에 대한 비전에서 늘 감동받는 동안교회 김형준 목사님… 받기에 감당하기 힘든 추천의 글을 써주신 분들은 물론, 사랑하는 미목상담연구소 식구들과 장신대 가족들, 목회의 멋을 알게 해 주신 찬양교회 허봉기 목사님, 노란손수건으로 하나님나라를 채색하시는 평화교회 정진모 목사님, 책을 정말 책답게 만들어 주신 생명의 말씀사 유선영 과장님… 그리고 저라는 사람을 있게 해 주신 수많은 한 분 한 분을 떠 올리며 하나님께서 저를 얼마나 아끼셨는지 알게 되었습니다.

좋은 사람이 되어 그 누군가에게 좋은 울타리와 공간이 되어 주는 것이 하나님께서 값없이 주신 값진 은총에 응답하는 것이라 생각하게 되었습니다. 그렇게 살아내겠습니다. 모든 영광과 감사를 언제나 사랑이신 하나님께 드립니다.

아차산 기슭에서 이 상 억

사명선언문

너희가 흠이 없고 순전하여……세상에서 그들 사운데 빛들로
나타내며 생명의 말씀을 밝혀 _ 빌 2:15-16

1. 생명을 담겠습니다
만드는 책에 주님 주신 생명을 담겠습니다.
그 책으로 복음을 선포하겠습니다.

2. 말씀을 밝히겠습니다
생명의 근본은 말씀입니다.
말씀을 밝혀 성도와 교회의 성장을 돕겠습니다.

3. 빛이 되겠습니다
시대와 영혼의 어두움을 밝혀 주님 앞으로 이끄는
빛이 되는 책을 만들겠습니다.

4. 순전히 행하겠습니다
책을 만들고 전하는 일과 경영하는 일에 부끄러움이 없는
정직함으로 행하겠습니다.

5. 끝까지 전파하겠습니다
모든 사람에게, 땅 끝까지, 주님 오시는 그날까지
복음을 전하는 사명을 다하겠습니다.

서점 안내

광화문점 서울시 종로구 새문안로 69 구세군회관 1층
02)737-2288 / 02)737-4623(F)

강남점 서울시 서초구 신반포로 177 반포쇼핑타운 3동 2층
02)595-1211 / 02)595-3549(F)

구로점 서울시 동작구 시흥대로 602, 3층 302호
02)858-8744 / 02)838-0653(F)

노원점 서울시 노원구 동일로 1366 삼봉빌딩 지하 1층
02)938-7979 / 02)3391-6169(F)

일산점 경기도 고양시 일산서구 중앙로 1391 레이크타운 지하 1층
031)916-8787 / 031)916-8788(F)

의정부점 경기도 의정부시 청사로47번길 12 성산타워 3층
031)845-0400 / 031)852-6930(F)

인터넷서점 www.lifebook.co.kr